NATIONALPARKS DER WELT

# AUSTRALIEN

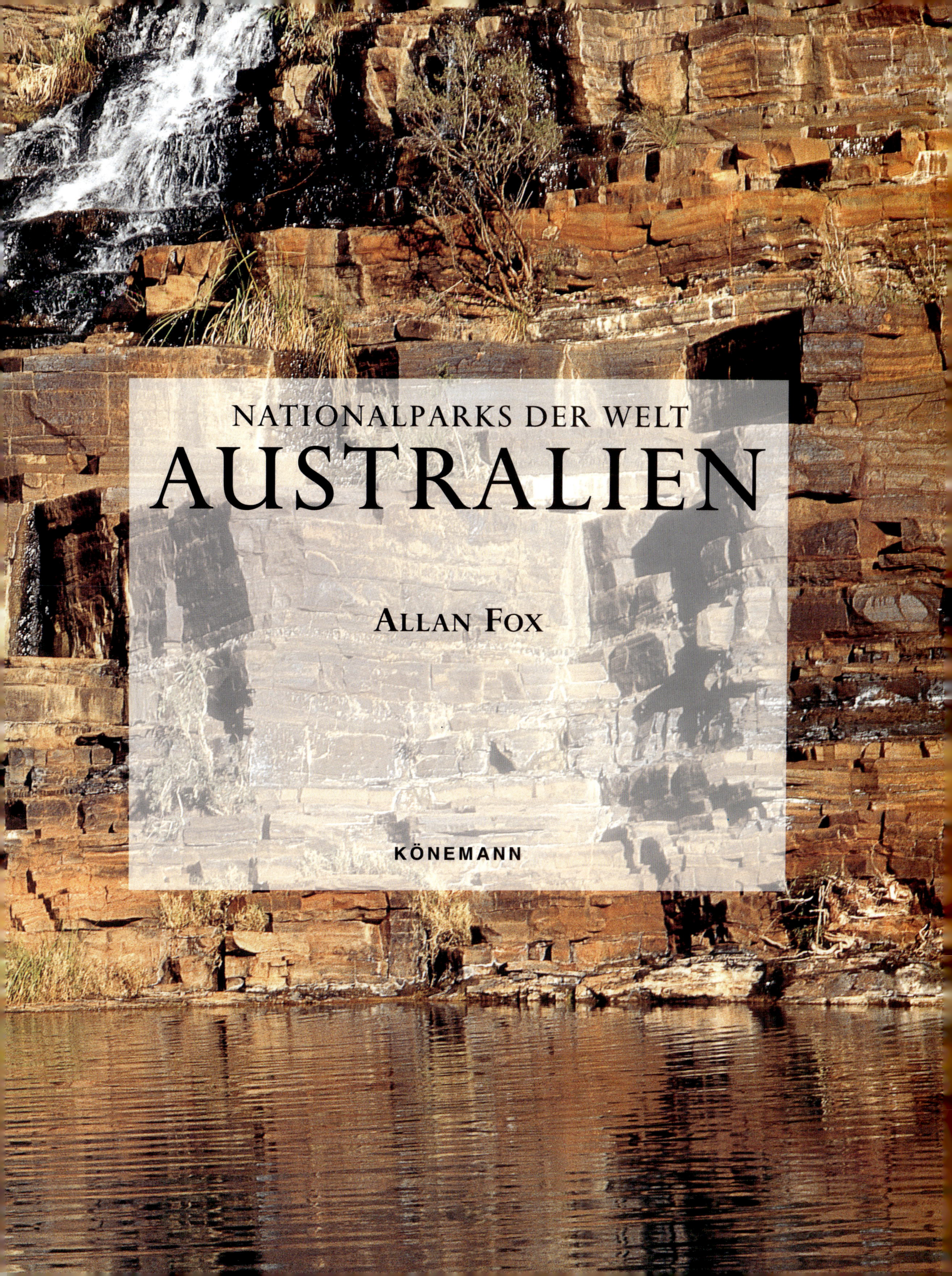

NATIONALPARKS DER WELT

# AUSTRALIEN

ALLAN FOX

KÖNEMANN

Originalausgabe © 2000 New Holland Publishers Pty Ltd
Sydney. Auckland. London. Cape Town

© 2000 für den Text: Allan Fox
© 2000 für die Karten: New Holland Publishers Pty Ltd

Originaltitel: The National Parks and other Wild Places of Australia

© 2000 für die deutsche Ausgabe:
Könemann Verlagsgesellschaft mbH
Bonner Str. 126, D-50968 Köln

Übersetzung aus dem Englischen (für Agents – Producers – Editors): Renate Hirschberger
Redaktion und Satz der deutschen Ausgabe: Agents – Producers – Editors, Overath

Projektkoordination: Dorit Esser
Herstellung: Ursula Schümer

Druck und Bindung: Star Standard Industries Pte. Ltd
Printed in Singapore
ISBN 3-8290-3909-3
10 9 8 7 6 5 4 3 2 1



### Hinweis des Herausgebers

Soweit möglich sind Tier- und Pflanzenarten mit ihrem volkstümlichen Namen angegeben. Sofern kein solcher Name existiert, wurde die wissenschaftliche Bezeichnung gewählt. Die Karten sollen nur eine grobe Orientierung geben. Wer Touren durch die Australischen Nationalparks plant, sollte detaillierte Karten mit einem großen Maßstab wählen. Wir weisen darauf hin, daß die Zugangs- und Versorgungsmöglichkeiten in Abhängigkeit von der Entwicklung der Transportmittel und anderer Einrichtungen abweichen können. Bitte beachten Sie auch, daß die Beschaffenheit der Wanderwege und das Wetter sehr wechselhaft sein können, und planen Sie daher immer gut im voraus. Unterrichten Sie die örtlichen Behörden über Ihre Reisepläne und informieren Sie sich bei den Parkrangern über die jeweiligen Gegebenheiten und über wildlebende Tiere. Auch wenn wir bemüht waren, möglichst aktuelle Informationen aufzunehmen, ist es durchaus möglich, daß sich einiges bis zur Drucklegung verändert hat. Verlag und Herausgeber übernehmen keinerlei Verantwortung, wenn Leser dieses Buches zu Schaden kommen sollten.

Anregungen, für die wir jederzeit dankbar sind, bitten wir zu richten an:
Könemann Verlagsgesellschaft mbH
Bonner Straße 126, D-50968 Köln

**LEGENDE FÜR DIE KARTEN DER PARKS**

| | | |
|---|---|---|
| Hauptstraße | **Brisbane** | Größere Stadt |
| Nebenstraße | Daintree | Dorf oder Kleinstadt |
| Weg | Park HQ | Information |
| Wanderweg | *Aussichtspunkt* | Sehenswürdigkeit |
| Bahnlinie | *Murray* | Gewässer |
| Staatsgrenze | *Mt. Kosciuszko* | Gipfel |
| Parkgrenze | Connellan Airport | Flughafen |
| Meerespark | Nach Alice Springs | Richtung |

Seite 1: *Sonnenaufgang von The Viking aus gesehen, Alpine-Nationalpark, Victoria.*

Seiten 2–3: *Fortescue Falls, Karijini-Nationalpark, Westaustralien.*

Gegenüber: *Der Mount Gower und der Mount Lidgbird jenseits der Lagune auf der Lord-Howe-Insel, Neusüdwales.*

Seite 7: *Sonnenuntergang über Heideland mit Grasbäumen im Kalbarri-Nationalpark, Westaustralien.*

# Inhalt

# Vorwort

Australiens Nationalparks sind die landschaftlichen Höhepunkte des Kontinents. Sie umfassen zahlreiche Pflanzen, Tiere, Landschaften und kulturelle Stätten, die Australien einzigartig machen. Künftige Generationen können die Nationalparks nur erleben und genießen, wenn unsere Generation dieses unschätzbare Vermächtnis bewahrt. Mißachtung ist die größte Gefahr für diese Schutzgebiete. Wenn sich Menschen einmal des Wertes der Parks bewußt sind, ergibt sich die Verantwortung für deren Schutz von selbst.

Die Australian Heritage Commission (AHC) ist eine Körperschaft, deren Hauptaufgabe darin besteht, die nationalen Stätten mit dem Erbe der australischen Natur wie auch Kultur in einer Liste zusammenzustellen und ständig zu aktualisieren. Dazu bedarf es intensiver Forschung, um die nationale Bedeutung einzelner Gebiete, historischer Stätten und Orte zu klassifizieren. Besonders die Einschätzung der Natur Australiens erforderte große Mühe und zahlreiche Fachberater. Ein großer Teil der Arbeit der Kommission beinhaltet die Zusammenarbeit mit dem National Trust, den Nature Conservation Councils und anderen Organisationen.

Gerade solche Veröffentlichungen wie das vorliegende Buch sind geeignet, um die Öffentlichkeit über den ökologisch hohen Wert der in Nationalparks geschützten Gebiete zu informieren. Ich empfehle dieses Buch nicht nur denjenigen, die sich mit dem Schutz der Nationalparks Australiens befassen, sondern auch jenen, die sich auf eine Entdeckungsreise zu diesen Naturwundern Australiens begeben.

**Bruce Leaver**
**Executive Director,**
**Australian Heritage Commission**

# Danksagung

Eine Arbeit wie diese ist das Ergebnis einer über viele Jahre, an vielen Orten und mit vielen Menschen wachsenden Erfahrung. Als Sohn eines Lehrers hatte ich immer lange Ferien und eine Familie, die das Reisen und die Musik der Landschaft liebte. Der Drang zu reisen hat mich immer begleitet, dieser Wunsch, unser Land zu entdecken, zu erfahren und zu verstehen. Mein späterer Leiter und Ratgeber, der mich zum New South Wales Wildlife Service und den State and Federal Parks and Wildlife Services lockte, war einer der bedeutendsten Naturkenner und -lehrer: Allen Strom. Während ich als Job und zum Vergnügen der Reiselust frönte, blieb meine Familie jedes Jahr längere Zeit allein, ohne Vater und Ehemann.

In meinem Berufsleben kam ich mit einer Reihe gleichgesinnter Kollegen und Organisationen in Australien und Übersee in Berührung. Für ihre Anregungen, Ideen und Kenntnisse bin ich ihnen zu größtem Dank verpflichtet. Mein besonderer Dank gilt folgenden Personen und Organisationen. Neusüdwales: Der National Parks and Wildlife Service mit seinem Personal, besonders Don Johnstone, Alastair Howard, Roger Good, Alan Morris, Charles Boyd, Fred Hersey, David Hope, Wendy Goldstein, Sharyn Sullivan und Chris O'Brien. Nordterritorium: Conservation Commission [jetzt Parks and Wildlife Commission], besonders Derrick Roff, Ian und Paul Cawood, Dr. Ken Johnson, Peter King und Marcus Sandford. Queensland: National Parks and Wildlife Service, besonders John Day und Margot Warnett. Südaustralien: National Parks and Wildlife Service, besonders Nicholas Newland, Robin Young und Neville Gare. Tasmanien: National Parks and Wildlife Service. Westaustralien: Conservation and Land Management, besonders Dr. Andrew Burbidge. Victoria: Parks Victoria, besonders Don Sinclair. Commonwealth: Environment Australia, besonders Ian Morris, Greg Miles, Louis Beens, Anne Jelinek, Peter Wellings, Big Bill Neidge, Bruce Leaver und den Aborigines, die zu Parkaufsehern ausgebildet wurden und jetzt im Kakadu-Nationalpark arbeiten.

Bei meiner Arbeit hatte ich auch mit vielen akademischen Institutionen und der Commonwealth Scientific and Industrial Research Organisation (CSIRO) zu tun. Viele Menschen dort opferten ihre wertvolle Zeit und gaben mir Informationen und Anregungen. Dr. John Harris, Dr. Len Webb, Dr. Alec Costin, Dr. Harry Recher, Dr. Alan Newsome und viele andere trugen ein gutes Stück zum Fortschreiten meiner Arbeit bei. Viel Wissen basiert auch auf dem Kontakt mit Nicht-Regierungs-Organisationen, die mir halfen, meine Ideen und Entscheidungen ständig zu hinterfragen. Vielen Dank auch für die zahllosen Gespräche beim Bier am Lagerfeuer.

Die Struktur von Texten und Bildern in diesem Buch entspricht den Menschen und Orten und bestätigt die Weisheit: »Wissen, das nicht verbreitet wird, ist nichts wert.« Es gibt noch weitere rund 500 Nationalparks, die in diesem Buch nicht erwähnt sind; somit gibt es noch viel mehr zu verbreiten.

**Allan Fox**
**Environmental Management Consultant**

Rechts: *Morgendämmerung über der Serra Range, Grampians-Nationalpark, Victoria.*

# EINLEITUNG

Der ausgedehnte Inselkontinent Australien scheint ein schier unbegrenztes Gebiet zu sein. Er bietet neben alten Bergketten auch endlose Ebenen, rote Wüsten, tiefblaue Seen und den Glanz sternenklarer Nächte. Der unterhalb von Südostasien zwischen dem Indischen und dem Pazifischen Ozean gelegene Kontinent ist die tiefstgelegene, flachste und – mit Ausnahme der Antarktis – trockenste Landmasse der Erde. Da sich diese Eigenschaften auf eine Gesamtfläche von etwa 7,5 Millionen km$^2$ erstrecken, ergibt sich eine unglaubliche natürliche Vielfalt mit einem fast unbegrenzten Reichtum an Pflanzen und Tieren, die sich auf ihre typische Weise an spezielle Lebensräume angepaßt haben.

Turmhohe Eukalyptusbäume und üppige immergrüne Regenwälder wetteifern um die Aufmerksamkeit der Besucher mit surrealistisch erscheinenden Gesteinsformationen sowie Pflanzen und Tieren, die nirgendwo sonst auf der Erde zu finden sind. Dazu gehören auch die nur in Australien heimischen Beuteltiere wie der scheue Koala, der auf Eukalyptusbäume als Lebensgrundlage angewiesen ist, sowie 43 Arten von Känguruhs und Wallabies, von denen einige in Wüsten, andere in tropischen Feuchtgebieten leben. Im ganzen Land kommen auch zahlreiche andere Säugetiere sowie Vögel, Amphibien, Reptilien, Fische und eine erstaunlich große Zahl Wirbelloser vor. An der insgesamt 36 735 km langen Küste säumen einzigartige Sandstrände das von Leben wimmelnde Meer. In den tropischen Gewässern vor der Nordostküste steht das größte Korallenriff der Welt unter Schutz, während die Brandung an der felsigen Südküste bizarre Formen herausarbeitet.

In Australien steht eine Fläche von nahezu einer Million km$^2$ (12,8 % der Gesamtfläche) in Nationalparks und anderen Gebieten unter Schutz. In vielen dieser Schutzgebiete herrschen noch weitgehend ursprüngliche Bedingungen vor, was für Besucher ungeheuer reizvoll ist. Mit seiner weiten Ausdehnung von den Tropen bis zur Südsee ist der australische Kontinent ganzjährig ein beliebtes Reiseziel – irgendwo in diesem Land herrscht sicher gerade die beste Jahreszeit.

**Gegenüber:** *Schnorchler im Hardy-Riff in den tropischen Gewässern des Schutzgebiets Great-Barrier-Riff-Meerespark in Queensland.*

**Oben:** *Ab dem späten Winter lassen blühende Zweige das Buschland in einem breiten Farbenspektrum erstrahlen – von leuchtendem Goldgelb bis zu blasser Cremefarbe.*

## *Lange Menschheitsgeschichte*

Die vielfältige Kultur Australiens ist das Ergebnis von mehr als 60 000 Jahre dauernder Siedlungsgeschichte. Die europäische Besiedlung begann 1788, als Sträflinge nach Australien gebracht wurden. Vorher lebten auf dem Kontinent bereits Angehörige von etwa 250 Sprachgruppen; die Kultur der Aborigines, der Ureinwohner Australiens, läßt sich für mindestens 62 000 Jahre nachweisen.

Die Ursprünge des gegenwärtigen Australien gehen auf die Zeit als britische Kolonie zurück. Damals unterlag der Kontinent durch Zuwanderung zahlreicher Menschen Einflüssen aus der ganzen Welt, vor allem aus Europa und Asien. Seit einiger Zeit sind Bestrebungen im Gange, die eine Versöhnung zwischen den Nachfahren der ursprünglichen Bewohner und der Kolonisten zum Ziel haben. Resultat ist die Rückgabe einiger Nationalparks an Aborigines, die diese Gebiete nun verwalten (*siehe S. 14*).

## *Eine Inselföderation*

Australien gliedert sich politisch in sechs Bundesstaaten und zwei Bundesterritorien; die meisten dieser Gebieten umfassen langgestreckte Küsten und enorme Landflächen. Die Grenzen verlaufen meist entlang von Flüssen oder Längen- und Breitengraden. Bis 1900 waren die sechs Staaten eigenständige Kolonien, die unter der britischen Flagge in einem lockeren Bündnis vereint waren. Die sechs Staaten schlossen sich am 1. Januar 1901 zum Commonwealth of Australia zusammen.

Die fünf Staaten auf dem Festland sind Neusüdwales, Victoria, Queensland, Südaustralien und Westaustralien. Der Inselstaat Tasmanien befindet sich südlich von Victoria und wird von der 220 km breiten Bass-Straße vom Festland getrennt. Die beiden Bundesterritorien sind das Australische Hauptstadt-Territorium, das die Landeshauptstadt

Canberra mit Umgebung, die Jervis-Bucht und Canberras Hafen nahe Sydney umfaßt, und das Nordterritorium. Mit Ausnahme des Hauptstadt-Territoriums hat jede dieser Verwaltungseinheiten eine eigene Hauptstadt. Sydney, die Hauptstadt von Neusüdwales, und Melbourne, die Hauptstadt von Victoria, sind die größten Städte des Landes.

Die Mehrheit der Australier lebt an oder nahe der Küste; die Bevölkerungsdichte ist besonders in und um die Hauptstädte hoch. Mehr als 85 % der Bevölkerung leben im südöstlichsten Teil des Landes. Weite Gebiete im Landesinneren sind dünn besiedelt oder gänzlich unbewohnt.

## Trennung von Gondwana

Australien erstreckt sich von den Tropen direkt südlich des Äquators bis weit in die kühl-gemäßigte Zone hinein. Dieser südlich gelegene Kontinent ist seit jeher von Asien durch eine Meeresstraße getrennt, die auch in Zeiten niedrigeren Meeresspiegels mindestens 70 km breit war.

Für mehr als 50 Millionen Jahre nach dem Abbrechen von Gondwana, dem alten Superkontinent der Südhalbkugel, driftete diese Kontinentalplatte nordwärts in Richtung Äquator. Sie war mit für Gondwana typischen Tier- und Pflanzengemeinschaften besiedelt.

Mit der Bewegung nach Norden, weg von den Überresten von Gondwana, gelangte der Kontinent in niedrigere Breiten mit trockenerem Klima. Die artenreichen tropischen Regenwälder, die große Flächen Australiens bedecken, mußten sich mit veränderten Lebensbedingungen auseinandersetzen. Eukalyptusbäume paßten sich dem trockeneren Klima sehr gut an und sind heute in Wäldern und in offenem Waldland in etwa 550 Arten vertreten.

Vor rund 3 Millionen Jahren driftete Australien so nahe an Indonesien entlang, daß einige Vögel, Nagetiere und Fledermäuse sowie viele Pflanzenarten übersiedelten. Weitere einschneidende Veränderungen ergaben sich durch die Eiszeitalter der vergangenen 100 000 Jahre. Die heute in Australien verbreiteten etwa 25 000 Pflanzenarten – die meisten davon sind immergrün – haben sich wirkungsvoll an Feuer, Dürren und alte, nährstoffarme Böden anpaßt.

**Oben links:** *Ein Blumenteppich bedeckt den roten Boden im Kennedy-Range-Nationalpark am trockenen Rand von Pilbara in Westaustralien.*
**Oben rechts:** *Zeichnungen der Aborigines an den Wänden der Red-Hand-Höhle im Blue-Mountains-Nationalpark im Hinterland von Sydney in Neusüdwales.*

## Rotes Herz, grüne Lunge

Satellitenaufnahmen von Australien zeigen heute einen ausgedehnten Inselkontinent mit einem rotgelb schimmernden Herz, das von immer intensiver werdenden grünen Gürteln umgeben ist. Ein langer blaugrüner Streifen – die geologisch junge Great Dividing Range – verläuft entlang der Ostküste, purpurfarbene, von gigantischen Schluchten zerschnittene Gebirgsketten und Hochflächen erheben sich im Zentrum und im Westen, während alte, inzwischen trockene Flußtäler in glänzende Salzseen münden.

Im Norden umgeben die Korallensee, die Arafurasee und die Timorsee nahezu menschenleere Küsten, an denen die grünen Mangrovenbüsche nach Überflutungen während der Regenzeit unter Wasser stehen. Das intensivste Grün ist aber dem Regenwald auf Tasmanien vorbehalten.

Regenwälder, feuchte und trockene Eukalyptuswälder, offenes Waldland, Buschland, alpine Matten, Grasland, Heideland und Wüsten sind nur einige der Lebensräume für Känguruhs, Koalas, Wombats, Beutelratten und viele andere Beuteltiere, darunter auch als Besonderheit die Kloakentiere, eine Ordnung Eier legender Säugetiere, zu denen Schnabeltiere und Ameisenigel gehören. Darüber hinaus gibt es 756 Vogelarten, viele mit einem glänzenden Gefieder. Außerdem sind in Australien weitere 200 000 bis 300 000 Tierarten vertreten.

## Beginn des Naturschutzes

Die Aborigines gehen davon aus, daß alle Ausprägungen der Natur miteinander in Beziehung stehen. Sie sehen sich als einen Teil der Umwelt und erkennen ihren Lebensraum als einen Teil von sich an. Das Auslösen von Bränden für die Jagd und für die Regeneration der Landschaft änderte allmählich die Lebensbedingungen in manchen Gebieten. Über

Tausende von Generationen entwickelten sich als Folge der Brandrodungswirtschaft neue Populationen an Tieren und Pflanzen. Aufgrund der naturverbundenen Lebensweise der Aborigines gab es ausreichend Schutzräume für viele Arten. 1788 kamen die ersten Europäer nach Australien; sie gründeten Sydney und weitere Städte. Deren Bewohner hatten wenig Verständnis für die Landschaft des Inselkontinents; vielmehr stellten sie zunehmend Ansprüche auf Landbesitz. Doch schon 1802, nur 14 Jahre nach dem Eintreffen der ersten Europäer, sah sich der Gouverneur von Neusüdwales gezwungen, die ungeregelte Abholzung und Baumentnahme kontrollieren zu lassen.

## *Der erste »Nationalpark« der Welt*

Das 19. Jahrhundert war von einem steigenden Interesse für die Naturwissenschaften geprägt. In diesem Zusammenhang wurde ein besonderes Augenmerk auf Landschaft, Flora und Fauna Australiens gelegt. Mitte des 19. Jahrhunderts war man davon überzeugt, daß einige Gebiete unter Schutz gestellt werden sollten. Alle Staaten und Territorien erließen Gesetze zum Schutz von ökologisch besonders bedeutenden Gebieten.

Viele Politiker, allen voran Umweltminister John Robertson, waren wegen des Ausbruchs von Pocken und Pest sowie wegen der rapiden Verschlechterung der hygienischen Bedingungen in den Städten sehr besorgt. Robertson startete eine von vielen Bürgern unterstützte Kampagne zum Schutz eines Gebiets, das als »grüne Lunge von Sydney« ausersehen war. Diese südlich der Stadt gelegene Region wurde 1879 zum Nationalpark erklärt. Es war der erste Nationalpark Australiens und weltweit das erste Mal, daß diese Bezeichnung für ein Gebiet gewählt wurde.

## *Eine Bürgerbewegung*

Obwohl Tasmanien und Queensland schnell erste Konzepte zur Verwaltung von Nationalparks entwickelten, wären die einzelnen Organisationssysteme ohne die Unterstützung der Öffentlichkeit und einer Vielzahl von wissenschaftlichen Gesellschaften nicht effektiv gewesen.

Gemeinsam mit Naturschutzverbänden übten diese Gesellschaften auf die Regierung Druck aus, die Gründung von Nationalparks voranzutreiben und die Verwaltung der Schutzgebiete mitzugestalten. In Neusüdwales wurde von Dr. David Stead die erste Gesellschaft zum Schutze der Natur – die *Wildlife Preservation Society of Australia* – gegründet. Dieser Staat profitierte auch von dem kleinen, aber sehr effektiven *National Parks and Primitive Area Council*, der von Australiens »Vater der Wildnis«, Myles Dunhy, finanziert wurde. Weitere wichtige Institutionen waren *National Trusts*, *National Parks Associations* und die *Australian Conservation Foundation*.

Der 1948 in Neusüdwales erlassene *Fauna Protection Act* war Auslöser für eine Reihe von Änderungen im politischen Klima Australiens, die schließlich 1967 zur Verabschiedung des ersten *National Parks and Wildlife Act* führten. Andere Staaten und Territorien folgten diesem Beispiel rasch.

## *Vielfältiger Schutz*

Im allgemeinen sind die Regierungen der Bundesstaaten und -territorien für die ihr Gebiet betreffenden Angelegenheiten verantwortlich. Daher wurden die Organisation und die Verwaltung der Schutzgebiete mit Ausnahme von zwei Nationalparks – Uluru-Kata-Tjuta- und Kakadu-Nationalpark im Nordterritorium – und sieben Gebieten in externen Territorien von den jeweiligen Regierungen übernommen. Jedoch erst 1972 einigten sich die einzelnen Regierungen im Rahmen des *Council of Nature Conservation Ministers (CONCOM)* auf eine einheitliche Definition für die Nationalparks Australiens:

> *Ein Nationalpark ist ein relativ großes Gebiet mit überwiegend intakter Landschaft, Pflanzen- und Tierwelt. Er ist durchgehend der Öffentlichkeit zur Erholung, Bildung und Anregung zugänglich, zudem ist er gegen jegliche Eingriffe geschützt, es sei denn durch das Management, sodaß seine natürlichen Merkmale gewahrt bleiben.*

Oben links: *Die Rick-Rack-Banksia,* Banksia speciosa, *ist eine der zahlreichen Pflanzenarten im Fitzgerald-River-Nationalpark in Westaustralien.*
Oben rechts: *Die kanellierten Felswände der Kantju-Höhle im Uluru-Kata-Tjuta-Nationalpark im Nordterritorium leuchten bei Sonnenuntergang tiefrot.*

Die vielen für Parks zuständigen Behörden und Verbände gründeten in Australien nicht weniger als 47 unterschiedliche Arten von Schutzgebieten. Die Gründe für den Schutzgedanken sind sehr vielfältig; sie reichen von der begründeten Sorge um bestimmte Lebewesen, Ökosysteme, Landschaften und historische Stätten über die Bewahrung spezieller Merkmale wie geologischer Ablagerungen oder Schiffswracks bis zur Ausweisung von Gebieten zu Lehrzwecken.

Neben mehr als 520 Nationalparks, die von kleinen Korallenriffen bis zum ausgedehnten Kakadu-Nationalpark (19 804 km²) reichen, gibt es noch über 5250 weitere Schutzgebiete. Mehr als 3100 davon verfügen über keine touristischen Einrichtungen; einige von ihnen sind viel größer und bedeutsamer als manche Nationalparks und darüber hinaus nicht öffentlich zugänglich. Manche dieser Gebiete wurden zum Weltbiosphärenreservat erklärt und gelten als wissenschaftlich besonders interessant. Weiteren Gebieten wurde nach intensiven naturkundlichen Studien ein besonders hohes Schutzbedürfnis zugeschrieben. Australien verfügt über 12 Weltbiosphärenreservate und 12 Welterbestätten. Bei einer solch großen Auswahl an Schutzgebieten konzentriert sich das vorliegende Buch auf einige wichtige Gebiete, auf welche die Kriterien zur Ausweisung als Nationalpark zutreffen.

## *Gegenwärtiger Schutz*

Australien entwickelte für die Verwaltung großer, ökologisch sensibler Schutzgebiete viele ungewöhnliche Maßnahmen, um deren Erhalt zu gewährleisten. Der ausgedehnte Great-Barrier-Riff-Meerespark etwa wurde aus verwaltungstechnischen Gründen in verschiedene Zonen eingeteilt.

Die Organisation der Nationalparks Kakadu, Uluru-Kata-Tjuta, Gurig, Nitmiluk und Watarrka im Nordterritorium sowie der Mutawintji-Nationalpark in Neusüdwales wurden den früheren Landeignern übertragen. Die Verwaltung erfolgt nun durch die Nachfahren der ursprünglich dort ansässigen Bevölkerung und durch die von der jeweiligen Regierung berufenen Parkaufsicht.

Andere Gebiete, wie der Gemmon-Ranges-Nationalpark in Südaustralien und der Millstream-Chichester-Nationalpark in Westaustralien, haben Verwaltungsstrukturen, in denen die Aborigines eng mitarbeiten. Einem Angehörigen dieser ethnischen Gruppe bei Beschreibung und Erklärung der Bedeutung eines Gebiets sowie alten Geschichten zuzuhören, ist außerordentlich faszinierend. Die Überlieferung reicht soweit zurück, daß gegenwärtige Küstenbewohner immer noch die Geographie der Oberfläche unter der Arafurasee nachvollziehen können – ihre Vorfahren hatten diese Region bewohnt, bevor der Meeresspiegel vor etwa 6000 Jahren sein gegenwärtiges Niveau erreichte.

In den meisten Nationalparks sind ausgewiesene Stätten von religiöser Bedeutung nur den Aborigines zugänglich. Besucher sollten deren Kultur und Privatsphäre jederzeit respektieren – Schilder geben in den Parks entsprechende Verhaltenshinweise. Einheimische zu fotografieren, verbietet sich von selbst.

## *Ein Besuch der australischen Schutzgebiete*

Das Management der australischen Nationalparks orientiert sich am US-amerikanischen Modell. Hier wie dort gibt es eine Parkaufsicht, Besucherinformationszentren, wissenschaftliche Betreuung sowie ein Netzwerk an Wegen, die von Kurzwanderungen unter eigener Regie bis zu mehrere Tagen dauernden Wildnistouren mit Übernachtungen auf gut ausgestatteten Campingplätzen reichen. In einigen Touristen zugänglichen Gebieten sind Genehmigungen für die Nutzung von Gebieten und Unterkünften notwendig. Bei der Planung eines Besuchs ist es zunächst wichtig, die entsprechenden Stellen zu kontaktieren (*siehe S. 174*), die sich um Reservierungen und andere Anliegen kümmern.

Dieses Buch liefert für den Besuch der beschriebenen Parks wichtige Hinweise – sie beinhalten Informationen über die Lage und das

Klima des Nationalparks, die beste Reisezeit, Möglichkeiten des Zugangs mit Verkehrsmitteln, erforderliche Zulassungen, verfügbare Einrichtungen, Gelegenheiten zur Tierbeobachtung und Vorschläge für mögliche Aktivitäten. In Australien sind verschiedenste Klimate entwickelt; das Spektrum reicht von alpinen über wüstenhafte bis hin zu feuchttropischen Bedingungen. Besucher sollten dies bei ihrer Reiseplanung für die Auswahl von Kleidung und Schuhwerk berücksichtigen.

## *Gefahren im Busch*

Die meisten giftigen Schlangen und Spinnen zeigen sich in den Nationalparks nur selten, und nur wenige Arten sind tödlich. Schlangen sind vor allem von September bis April aktiv, in tropischen Küstengebieten treten sie jedoch ganzjährig auf. In der Wüste schlängeln sie sich gerne an Sommerabenden über den Sand.

Von Stechmücken übertragene Krankheiten stellen ein größeres Problem dar. In gefährdeten Regionen sollte daher vor allem am Abend und in der Nacht Insektenschutzmittel aufgetragen werden. Seit 1880 kamen durch Insektenstiche oder Berührung mit Quallen 80 Menschen ums Leben, darunter auch viele Kinder. Schwimmen Sie deshalb zwischen Oktober und Mai nicht in den küstennahen Flachwasserbereichen zwischen Broome in Westaustralien und Bundaberg in Queensland. Reiben Sie Stiche oder Bisse sofort mit Essig, aber nicht mit Alkohol ein.

Tragen Sie zwischen Oktober und März zur Vermeidung von Hitzeschlag einen breitkrempigen Hut und leichte Kleidung, die möglichst den ganzen Körper bedeckt. Zum Schutz vor zu starkem Flüssigkeitsverlust sollten Sie alle zwei Stunden mindestens einen Liter Wasser trinken. Wenn Sie auf einer Wüstenstraße eine Panne haben, sollten Sie das Auto keinesfalls verlassen. Wegen der hohen UV-Strahlung ist ein Lichtschutzfaktor von 30 anzuraten; in Hochlagen, in Wüsten, an der Küste und in tropischen Regionen sollte ein noch höherer Faktor gewählt werden.

## *Tier- und Pflanzenstudien*

Mit Ausnahme der Vögel sind die meisten in Australien lebenden Tiere nachtaktiv und halten sich eher im Verborgenen auf. Möglichkeiten zur Beobachtung von Tieren ergeben sich meist zufällig. Um etwas über die potentiellen Fotomotive zu erfahren, empfiehlt sich der Besuch eines der vielen Zoologischen Parks. Das Tidbinbilla-Naturreservat nahe Canberra, der Wüstenpark und der Botanische Garten in Alice Springs, der Wildpark in Darwin und das Healesville-Schutzgebiet in Melbourne sind hierfür besonders geeignet. Um etwas über Meereslebewesen zu erfahren, bieten sich vor allem die Aquarien in Townshill und in den Großstädten an. Die Zoos von Sydney und Melbourne liefern einen exzellenten Überblick über wildlebende Tiere.

Für Informationen über Australiens heimische Pflanzenwelt ist der Nationale Botanische Garten in Canberra von überragender Bedeutung. Über Wüstenpflanzen informieren der Wüstenpark und der Botanische Garten in Alice Springs anschaulich. Zum Studium der vielfältigen Flora Westaustraliens eignet sich vor allem der Kings Park in Perth.

## *Zeugnisse der Wildnis*

Australiens Nationalparks sind Zeugnisse des einst wilden und unerforschten Kontinents. Bewegen Sie sich in den Parks mit größter Umsicht, denn mit der Beschädigung unserer letzten ursprünglichen Orte beschädigen wir auch die verborgene Ursprünglichkeit in uns.

**Ganz links:** *Ein Riesenkänguruh im Flinders-Ranges-Nationalpark (Südaustralien).*

**Links unten:** *Eil- und Zügelseeschwalben kreisen über einem Vorsprung der North-Brook-Insel im Great-Barrier-Riff-Meerespark (Queensland).*

**Unten:** *Ein Emu-Küken bei der Nahrungsaufnahme in der Brachina-Schlucht im Flinders-Ranges-Nationalpark. Die Jungen verlieren beim Heranwachsen ihre typischen Streifen.*

# Der AUSTRALISCHE KONTINENT

**Ausgewählte Nationalparks und andere Schutzgebiete in Australien**

TORRES-STRASSE
RAFURASEE
Great-Barrier-Riff
Weipa
CARPENTARIAGOLF
KORALLENSEE
Mitchell
Daintree-Nationalpark
Port Douglas
Internationaler Flughafen
Cairns
Great-Barrier-Riff-Meerespark
Lawn-Hill-Nationalpark
Tennant Creek
Townsville
Mount Isa
NORD-TERRITORIUM
QUEENSLAND
GREAT DIVIDING RANGE
Springs
Longreach
Rockhampton
SIMPSONWÜSTE
Carnarvon-Nationalpark
Fraser-Insel-Welterbestätte
Witjira-Nationalpark
Goyder-Lagune
Eyre-See
SÜD-AUSTRALIEN
Brisbane
Lamington-Nationalpark
Gammon-Ranges-Nationalpark
Torrens-See
Frome-See
Flinders-Ranges-Nationalpark
Darling
Dorrigo-Nationalpark
Port Augusta
Broken Hill
NEU-SÜD-WALES
Dubbo
Mungo-Nationalpark
Blue-Mountains-Nationalpark
Myall-Seen-Nationalpark
Newcastle
Lord-Howe-Insel-Welterbestätte
Lincoln
Adelaide
Murrumbidgee
Sydney
Royal-Nationalpark
Flinders-Chase-Nationalpark
Murray
Canberra
ACT
Grampians-Nationalpark
VICTORIA
Kosciuszko-Nationalpark
Alpine-Nationalpark
Melbourne
TASMANSEE
Croajingolong-Nationalpark
Port-Campbell-Nationalpark
Wilsons-Promontory-Nationalpark
BASS-STRASSE
Cradle-Mountain-Lake-St.-Clair-Nationalpark
Launceston
Freycinet-Nationalpark
Mount-Field-Nationalpark
Franklin-Gordon-Wild-Rivers-Nationalpark
Hobart
Southwest-Nationalpark
TASMANIEN
SÜDPAZIFISCHER OZEAN
N
THAILAND
LAOS
Bangkok
VIETNAM
KAMBODSCHA
SÜD-CHINESISCHES MEER
Ho-Chi-Minh-Stadt
Manila
PHILIPPINEN
PAZIFISCHER OZEAN
Kuala Lumpur
MALAYSIA
SINGAPUR
Pontianak
Äquator
PAPUA-NEUGUINEA
Djakarta
Ujung Pandang
INDONESIEN
NEU-BRITANNIEN
SALOMONEN
Port Moresby
Kupang
MELANESIEN
INDISCHER OZEAN
Darwin
KORALLEN-SEE
Cairns
NEU-KALEDONIEN
Noumea
AUSTRALIEN
Südlicher Wendekreis
Brisbane
Perth
Sydney
Adelaide
Canberra
Melbourne
Auckland
NEU-SEELAND
NORD-INSEL
TASMANIEN
Hobart
SÜD-INSEL
LEGENDE
Hauptstraße
Staatsgrenze
Sydney
Metropole
Cairns
Stadt
Murray
Gewässer
Flughafen
AUSTRALIEN
0
250
500 km
0
125
250 Meilen

# QUEENSLAND

Queensland ist mit einer Größe von 1733000 km² der zweitgrößte der acht australischen Staaten und Territorien. Er nimmt das nordöstliche Viertel des Kontinents ein und erstreckt sich über verschiedene Klimazonen. Der Bundesstaat reicht von der Torresstraße und dem Carpentariagolf im tropischen Norden bis in den gemäßigten Süden und das ausgedehnte, trockene Landesinnere.

Die Küste, einschließlich der Inseln, ist etwa 9800 km lang. Ein Großteil des Gebiets steht wegen des grandiosen Great-Barrier-Riffs – des größten Korallenriffs der Welt und Rückgrat des ausgedehnten Great-Barrier-Riff-Meeresparks – unter Naturschutz. Im Süden des Riffs steht die der Großen Sandküste vorgelagerte Fraser-Insel – die größte Sandinsel der Welt – als Welterbe unter Schutz.

Entlang der Pazifikküste Australiens verläuft die Great Dividing Range; sie reicht von der Spitze des Kap York nach Süden über das zentrale Hochland von Queensland, Neusüdwales und das australische Hauptstadtterritorium bis nach Victoria. Im Inneren des Hochlands von Queensland befinden sich die weißen Schluchten des Carnarvon-Gorge-Nationalparks, wo die Aborigines kunstvolle Gesteinsarbeiten schufen. Die Great Dividing Range trennt den bewaldeten Osten Queenslands vom Gras- und Savannenland im Westen, das zum Landesinneren hin ins flache Channel Country und die Wüste überleitet. Die längsten Flüsse Queenslands – Georgina, Diamantina und Thompson (der im weiteren Verlauf zum Cooper Creek wird) – strömen bei Hochwasser in Hunderten von Kanälen und Seitenarmen über die weiten Ebenen des sonst trockenen Südwestens. Weit im Norden münden sechs große Flüsse in den Carpentariagolf. Das relativ ruhige Wasser dieser großen Bucht wird – wie die meisten tropischen Küsten Australiens – von Mangrovenwäldern gesäumt.

Die meisten nach Osten führenden Flüsse entspringen in den Bergen und haben eine hohe Fließgeschwindigkeit. Einige davon – Barron, Mulgrave, Tully und Herbert etwa – stürzen von den hohen Gipfeln hinter Cairns in die Schluchten hinab. In dieser Region bewässern die höchsten Niederschlagsmengen ganz Australiens einen mehrere tausend Quadratkilometer großen tropischen Regenwald und ausgedehnte Eukalyptuswälder. Nördlich von Cairns liegt in den feuchten Tropen der Daintree-Nationalpark; dort trifft der Regenwald auf das Riff – der perfekte Einstieg ins tropische Queensland.

# Daintree-Nationalpark

## *Das Herz der feuchten Tropen*

**Lage:** 80 km nördlich von Cairns Richtung Mossman.

**Klima:** Im Januar sehr feucht und stürmisch, 23–32 °C; im Juli häufig angenehm klare und windige Tage, 17–25 °C. Von Dezember bis April häufig Zyklone.

**Reisezeit:** Ganzjährig; das Klima ist zwischen Mai und September am angenehmsten (kühler und weniger feucht). März bis Juli lassen sich die Tiere am besten beobachten.

**Anreise:** Auf dem Landweg (Straßen und Wege für Zwei- und Allradantrieb) werden von Cairns, Port Douglas und Mossman aus viele geführte Fahrzeugtouren angeboten. Fahrzeugverleih in Cairns. Auf dem Luftweg über den Internationalen Flughafen von Cairns. Bootsfahrten gibt es direkt am Daintree-Fluß.

**Genehmigungen:** Eine Erlaubnis zum Campen sollte bei der Nationalparkverwaltung in Cairns oder Mossman eingeholt werden.

**Ausrüstung:** Campingausrüstung, leichte Regenkleidung, festes Schuhwerk (Bergstiefel für Geländemärsche erforderlich); Sonnenschutz LF 35+, Hut, Insektenschutz, leichte Kleidung, Schwimmausrüstung, Essig für Verletzungen durch Quallen.

**Einrichtungen:** Es gibt eine große Auswahl an Unterkünften außerhalb des Parks. Bootsverleih und Führungen im Park. Fahrzeuge können in den nahegelegenen Städten gemietet werden. Wanderrouten ohne Führung und Picknick-/Grillplätze. Informationszentrum in Mossman.

**Tierbeobachtung:** Früchtefressende Vögel überwiegend Februar - Mai; Wassertiere in Tümpeln während der Trockenzeit Juli-Oktober. Frösche am besten im November.

**Besucheraktivitäten:** Wandern, Beobachtung von Tieren, Waldstudien, Schwimmen (Oktober-Mai Achtung vor Quallen, das ganze Jahr vor Krokodilen), Bootstouren auf dem Daintree, Schnorcheln an den Rändern des Riffs, Allradtouren.

Der 500 km lange Abschnitt zwischen Townsville und Cooktown im nördlichen Queensland umfaßt eine Landschaft mit herrlichen bewaldeten Bergregionen. Eine Abfolge von fünf verschiedenen Regenwaldtypen erstreckt sich von den Nebelwäldern der oberen Bergregionen hinab zum tropischen Regenwald in die gleißenden Gewässer der Korallensee.

Im Jahr 1967 gegründet, befindet sich der 760 $km^2$ große Daintree-Nationalpark im Zentrum der feuchten Tropen des Staates. Er ist einer von 19 Nationalparks, die einen Teil des Welterbes der feuchten Tropen Queenslands bilden. Auf dem höchsten Berg des Staats, dem Mount Bartle Frere, fallen im Jahr etwa 10 000 mm Niederschlag.

Ungestört von Arten aus anderen Ländern, gedeihen in den Gebieten des feucht-tropischen Regenwalds von Queensland viele einfache Blütenpflanzen. Der Daintree-Nationalpark mit dem Kap Tribulation nördlich von Cairns ist berühmt für seine ursprünglichen Fächerpalmen und ungewöhnlichen Tiere, wie z. B. das Daintree-Ringelschwanzopossum und die grüne Python. Nach der Aufnahme der feuchten Tropen Queenslands in die UNESCO-Liste des Welterbes wurden 1988 die meisten holzverarbeitenden Betriebe geschlossen.

### *Vielfalt, die Würze des Lebens im Regenwald*

Die Artenvielfalt im Daintree-Regenwald ist erstaunlich. Vom Parkplatz in der Mossman-Schlucht kann man, ohne aus dem Auto steigen zu müssen, mindestens 20 verschiedene Baumarten ausmachen: z. B. Lychee-, Mango-, Avocado-, Guaven-, Muskatnuß- und Flammenbäume, auch Palmen Silbereichen und Rotzedern. Über 1000 verschiedene Baumarten gedeihen hier in den feuchten Tropen. Auf dem Waldboden und auf den Bäumen selbst kommen noch ungefähr 2000 weitere Pflanzenarten vor.

Der am Waldrand wachsende Stonewood Tree, den die Yuku Yalanji Aborigines als *Mukrun*, die Wissenschaft als *Backhousia hughesii* bezeichnen, hat sehr hartes Holz und bringt noch härteren Gummi hervor, der wie Stein bearbeitet werden muß; die Yuku Yalanji verwendeten ihn als Zement. Der Baum mit seiner charakteristischen blaßgrauen, schuppigen Rinde trägt an dünnen Stengeln Unmengen kleiner, cremig-weißer Blüten.

Auf diesen Bäumen wachsen mindestens drei epiphytische und vier semiepiphytische Farnarten, ein Regenschirm-Farn (*Fragraea*) sowie zwei Feigenarten. Flechten überziehen den Stamm; sie unterstützen das Wachstum der klebrigen Wurzeln der *Monstera*, einer parasitären Mistel. Hoch in einer Gabelung des Baums befindet sich eine knollenartige Ameisenpflanze; in ihr findet man ein Netzwerk von Kammern, das eine Ameisenkolonie be-

Linke Seite: *Würgefeigen bilden hölzerne Netze auf Wirtsbäumen. Mossman-Schlucht, Daintree-Nationalpark.*

Oben rechts: *Der Goldene Laubenvogel,* Prionodura newtoniana, *ist in den Bergregenwäldern des Daintree zu Hause.*

Vorangegangene Seiten:
18: *Hardy-and-Hook-Riffe, Great-Barrier-Riff-Meerespark.*
19: *Australiens Süßwasserkrokodil,* Crocodylus johnstonii.

Eine leichte Bewegung lenkt die Aufmerksamkeit auf ein bräunliches Tier, das einen halben Meter lang ist und auf einem Ast sitzt. Es hat die kräftigen Unterarme angehoben, um die rosa Früchte der Bumpy Satinash zu pflücken. Dieses seltene Bild liefert das hauptsächlich nachtaktive Bennettbaum-Känguruh, das einen letzten Imbiß zu sich nimmt, ehe es sich wieder in sein Schlafgemach unter die Baumkrone zurückzieht.

## Ein Regenwaldchor

Wenn die Dunkelheit den ersten Sonnenstrahlen weicht, ertönen deutliche Schritte eines kräftigen schwarzen Vogels, des mehr als einen Meter großen Cassowary. Während er sich durch die abgefallenen Früchte seinen Weg bahnt, streckt er seinen hornartig-gekrönten, blau-violett-purpurfarbenen Kopf durch die hängenden Wurzeln einer stacheligen Wait-a-while-Palme. In der Nähe blitzt ein schimmernder Goldton auf, der sich auf einer gewebten Feigenstruktur niederläßt – es ist der Goldene Laubenvogel, der seine Laube aufsucht. Bald scheint er anderen Vögeln durch seinen klappernden Ruf wie von einer Ratsche Zeichen zu geben. Das sanfte »uhm-uhm-uhm«, das »huck-ku-ku-ku-ku-ku« und das blubbernde »wompuh« der purpurgekrönten, der rotgekrönten und der Wompoo-Tauben geht in den perlenden Ruf einer opalfarbenen Noisy Pitta und die klingenden Töne eines Golden Whistler über.

Oben: *Ein einzelner Mangrovenbaum am Strand im Daintree-Nationalpark, südlich des Kap Kimberley.*
Unten rechts: *Crinum-Lilien,* Crinum angustifolium, *und riesige Paperbark-Bäume blühen in den Küstenebenen.*
Unten: *: Regelmäßig werden Fahrten zur Beobachtung von Krokodilen auf dem Daintree-Fluß unternommen.*

herbergt. Die Pflanzen strecken ihre Wurzeln in die Kammern und entnehmen dem Futter, das die Ameisen einbringen, die benötigten Nährstoffe – eines von vielen bemerkenswerten Beispielen für Symbiose, die typisch für die Regenwaldgemeinschaft ist.

## Wo Känguruhs auf Bäume klettern

Es lohnt sich, den Daintree-Regenwald in den frühen Morgenstunden zu durchstreifen. Unter den Bäumen ist der Boden weich und feucht. Gedämpfte Geräusche aus einer dicken Matte aus Blättern, die intensiv nach fauligen Pilzen riechen und blau, purpurrot, violett, gold und zinnoberrot gesprenkelt sind, entstehen durch abgefallene Früchte des Blue Quondong und des Mossman-Mahagonibaums sowie kleinfrüchtige Feigen und Buschbrotfrüchte.

Hoch in einer Baumkrone sind die schrillen Streitigkeiten der Regenbogen- und der Varied Lorikeets zu hören.

Der Regenwald und die Mangrovenwälder der feuchten Tropen sind die Heimat von etwa 140 Vogelarten – mehr als 50 kann man an einem Tag sehen. Eine besondere Sehenswürdigkeit ist der atemberaubende goldfarben-smaragdgrün-schwarze Cairns Birdwing, mit 15 cm Spannweite Australiens größter Schmetterling.

## *Aktivitäten im Daintree und im Gebiet des Kap Tribulation*

Anspruchsvolle Wanderpfade, wie der Mossman-Schlucht-Weg und Pfade zu den Stränden und Wäldern des Kap Tribulation, können mit einfachen Fahrzeugen erreicht werden. Auf dem Weg zum Bloomfield-Fluß und zum 72 km entfernten Cooktown benötigt man allerdings Allradantrieb. Fremdenzimmer und Zeltplätze stehen ausreichend zur Verfügung. Viele Touren können von Cairns, Port Douglas und Mossman aus gebucht werden.

Daintree-Hausbootausflüge und Bootsausflüge zu den Stränden von Kap Tribulation, inklusive eines Besuchs in den angrenzenden Regenwäldern sind von Port Douglas und vom Daintree-Fluß-Übergang aus möglich.

Aber hüten Sie sich vor den hungrigen Salzwasserkrokodilen (Estuanne), die die Gewässer hier bewohnen.

**Ganz oben:** *Ausgewaschene Granitfelsen säumen das Bett des Mossman-Flusses im Daintree.*
**Oben:** *Viele Regenwaldbäume, wie dieser* Syzygium sp., *produzieren an den Stämmen Blüten.*
**Ganz links:** *Die Cooktown-Orchidee wächst in der Gegend des Kap Tribulation.*
**Links:** *Die glänzenden Grünen Pythons des Regenwalds sind nachtaktiv und leben auf Bäumen.*

# Lawn-Hill-Nationalpark

## *Schluchten, Gebeine und Katakomben*

Der Lawn-Hill-Nationalpark liegt 100 km südlich des Carpentariagolfs im äußersten Nordwesten von Queensland. Der 1984 gegründete Park erstreckt sich über eine Fläche von 2820km²; er befindet sich am östlichen Rand des sich weit ausbreitenden, von schwarzer Erde bedeckten Barkly-Tafellands.

Eine von zwei aufsehenerregenden Erscheinungen ist eine imposante, tiefe Schlucht aus rotem Sandstein, die vom Lawn-Hill-Bach durchflossen wird. Das klare grüne Wasser ist voll von großen Barramundi, Salmontail-Welsen und Australien-Krokodilen; es wird von üppiger tropischer Vegetation umgeben. 1994 wurde der Park zur Welterbestätte ernannt, da noch eine weitere bemerkenswerte Erscheinung von Bedeutung ist – der sich über 100 km² erstreckende fossilienreiche Kalksteinhügel.

### *Die Geschichte der Fossilien*

1976 machten Wissenschaftler einige aufsehenerregende Fossilienfunde. Unübertrieben waren Millionen von Gebeinen in den Kalksteinen eingebettet; sie zeichnen ein aufsehenerregendes Bild der Evolutionsgeschichte der Landschaft und der Tierwelt der Umgebung für die letzten 25 Millionen Jahre. Bisher wurden Exemplare von 88 Tierfamilien und mindestens 217 Arten freigelegt, unter ihnen die Vorfahren von Schnabeltieren, Wombats, Koalas, Python, Fledermäusen, Beutellöwen, Krokodilen, massigen Frischwasserschildkröten, riesige flügellose Vögel, Kakadus und viele andere.

Dieser Fossilienfund ist wahrscheinlich der größte, der bisher überhaupt gefunden wurde. Er zeigt, daß offensichtlich fast jede Gruppe der australischen terrestrischen Wirbeltiere ihren Ursprung in den Regenwäldern von Gondwana hatte.

### *Grüne Gewässer und rote Schluchten*

Die letzten 130 km in den Park hinein überquert man von der Wills-Development-Straße kommend eine extrem trockene, flache Savannenlandschaft (niemand fährt auf dieser Straße während der Regenzeit, weil sie dann entweder unter Wasser steht oder von unpassierbarem Schlamm bedeckt ist). Nach Stunden der Hitze und des Staubs erscheint die makellose Besucherrezeption als Oase aus grünem Rasen, mit dem denkbar größten »Gespenster-Gummibaum« und einer schattenspendenen Zone unter Paperbark-Bäumen. Durch die Lücken der papierähnlichen Strünke kann man tiefes grünes Wasser erspähen. Oberhalb der Baumkronen weisen zwei Felsvorsprünge aus rotem Sandstein in den Abgrund der Schlucht.

Ein schöner Weg führt zu einem Kai, der über eine lichtdurchlässige grüne Leere zu treiben scheint, bis silberne Salmontail-Welsen mit einer Länge von fast einem Meter vorbeigleiten. Ein Schwarm von gestreiften Schützenfischen, die darauf warten, Insekten mit einem Wasserstrahl zu erledigen, gleitet unter eingetauchten Palmblättern. Kanus können im Adels Grove Camp gemietet werden. Ein Paddler, der sein Boot durch die Schlucht zu den Indari-Wasserfällen führt, entdeckt ein

Gegenüber: *Der mit Wasserlilien bedeckte Lawn-Hill-Bach ist eher ein Fluß – sogar während der Trockenperioden, wenn der Regen nur noch tröpfchenweise herabfällt.*

Oben rechts: *Die Haubentaube,* Ocyphaps lophotes, *teilt sich die Lawn-Hill-Hochebene mit der Dorngras-Taube.*

**Lage:** Über die Quellflüsse des Gregory-Flusses verteilt, 200 km südwestlich von Burketown und dem Carpentariagolf sowie 320 km nordwestlich von Mount Isa.

**Klima:** Die trockene Jahreszeit dauert von Mai bis November mit 25–43 °C; November-April herrscht die stürmische, feuchte Jahreszeit mit großen Überschwemmungen und 30–38 °C vor. Kühle, klare Nächte von Juni bis August.

**Reisezeit:** Ende April mit dem Beginn der trockenen Jahreszeit bis etwa Oktober ist die bequemste Zeit für Wanderungen, zusätzlich ist das Gebiet bis Dezember für Wasseraktivitäten zugänglich.

**Anreise:** Auf dem Landweg von Mount Isa über den Barkly Highway und das »Riversleigh«-Gebiet (Allradantrieb erforderlich), mit Zweiradantrieb von »Gregory Downs«; die Straßen sind während der feuchten Jahreszeit oft geschlossen.

**Genehmigungen:** Campingerlaubnis bei der Parkverwaltung in Lawn Hill oder in Townsville erhältlich; frühe Buchungen sind ratsam.

**Ausrüstung:** Sommerkleidung, Kanu, Schnorchelausrüstung, feste Wanderschuhe, Erste-Hilfe-Kasten, hoher Lichtschutzfaktor, breitkrempiger Hut, Insektenschutz, Wasserflasche, leichte Campingausrüstung, Gaskocher.

**Einrichtungen:** Begrenztes Campinggebiet, moderne Sanitäranlagen, Besucher-Informationszentrum, Parkaufsicht, 20 km Wanderwege, Bootsab- und -anlegestelle, Zugang zu Wasserfällen, Einkaufsmöglichkeiten auf dem Campinggelände und in Adels Grove an der Parkgrenze.

**Tierbeobachtung:** Die trockene Jahreszeit ist am besten, weil die Tiere von der ausgetrockneten Hochebene zum klaren Wasser des Lawn-Hill-Bachs ziehen.

**Besucheraktivitäten:** Tierbeobachtungen und Naturstudien, Vogelbeobachtungen, Sternbeobachtungen, Wandern, Schwimmen, Kanufahren in der Schlucht, Schnorcheln.

Oben: *Ein männlicher Schlangenhalsvogel,* Anhinga melanogaster, *trocknet sein Gefieder, nachdem er im Lawn-Hill-Bach gefischt hat.*

Oben rechts: *Der Wanderweg um die Schlucht auf die Lawn-Hill-Hochebene windet sich um »Gespenster-Gummibäume« und Dorngras.*

Australien-Krokodil, das sich auf dem Stumpf eines umgefallenen Baumes sonnt. Wenn dieses Flußufer ein Relikt des üppigen Lebensraumes von vor 10–20 Millionen Jahren ist, ist es kein Wunder, daß die Tiere der nahen Riversleigh-Fossilien in dieser Gegend lebten.

## *Die Rote Welt auf dem Plateau*

Der Wanderweg auf das Plateau steigt zu den südlichen Felsvorsprüngen an der Spitze an. Hügel mit borstigem, hellem Dorngras bieten kleinen Beutelmäusen und zahlreichen rötlichen, ringelschwänzigen Flugdrachen Schutz, die in den Lücken der großen roten Sandsteinblöcke sitzen. Diese ausgetrocknete Landschaft ist die Heimat der wunderschön gezeichneten Dorngras-Taube, aber abgesehen von der großen Sand-Goanna sind die meisten Landwirbeltiere schwer zu sehen, da sie vor der Tageshitze in die kühlen Höhlen unterhalb der Felsen oder in den tiefergelegenen Fluß flüchten.

Der Pfad windet sich am Rand der Schlucht entlang, deren enge Seitenschluchten und Hohlwege dicht mit feinblättrigen Kohlpalmen bewachsen sind. Unterhalb davon findet man hektargroße Felder mit violett- und rosablühenden Wasserlilien, die in den langen, grünen, natürlichen Wasserbecken treiben. Wie Stufen in den Ablagerungen der Schlucht endet jedes Wasserbecken in einer niedrigen Kalktuffwand, über die die Strömung in richtige Schwimmbecken hinabfällt. In der Kühle der Nacht wühlen Ringelschwanzbeutelratten an den Rändern der Schlucht und den palmengesäumten Seitenschluchten, wobei sie den hungrigen olivgrünen Pythons aus dem Weg gehen.

Rechts: *Fossile geriffelte Strukturen sind in den roten Sandsteinen zu sehen, die auf dem Wanderweg oberhalb der Lawn-Hill-Schlucht liegen.*

# Great-Barrier-Riff-Meerespark

## *Die größte Korallenregion der Erde*

Der Great-Barrier-Riff-Meerespark erstreckt sich über etwa 1900 km vor der Küste von Queensland am Rand der Korallensee. Der 344 800 km$^2$ große Park reicht von den tropisch-warmen Gewässern der Torres-Straße, die Australien von Papua-Neuguinea trennt, bis zu den kühleren Gewässern südlich von Gladstone. Diese einzigartige Region umfaßt mehr als 2100 verschiedene guterhaltene Korallenriffs und Sandbänke, 540 Inseln und einen 24–290 km breiten, schimmernden »Graben« ruhigen Wassers.

Linien-, Krusten- und Saumriffs sind Teil des unglaublich vielfältigen Korallenreichs des Parks – aufgebaut von einer großen Zahl zarter Tiere und Pflanzen. Hier sind 1500 Fischarten, Tausende Arten Wirbellose, zahllose Schildkröten und Delphine beheimatet; außerdem gebären hier Buckelwale.

1937 wurde Green-Insel, die Cairns vorgelagerte Korallenbank, als erste von vielen Bänken und Riffen zum Nationalpark erklärt. Jedoch erst 1975 gründete die Regierung Australiens den Great-Barrier-Riff-Meerespark zum Schutze des Gebiets vor Ölbohrungen und nahm sich somit der gesamten Region an. 1981 wurde der Park als Welterbe klassifiziert.

### *Erlesene Steinbildner*

In einer magischen Allianz wird der fleischfressende Korallenpolyp – ein zartes, farbiges Tier, kaum größer als ein Fingernagel – durch viel kleinere Pflanzenzellen in seinem Körper unterstützt. Gemeinsam leben sie in großen Kolonien im Schutze des warmen, klaren Meerwassers. Die mehr als 500 Arten – jede von ihnen mit eigener Färbung und Gestalt – laichen nur an ein paar Vollmondnächten im Jahr. Einige der exotischsten und schillerndsten zählen zu den weichen Korallen. Sie haben eine pflanzenartige Erscheinung; ihre Wedel schwingen mit den Bewegungen des Wassers. Harte oder riffbildende Korallen bauen in ihren Körpern ein Skelett aus Calciumcarbonat auf. Diese Skelette sind die Grundlage für die nächste Generation von Polypen.

Verschiedene Korallenarten formieren sich im Meer zu wirklich fantastischen »Gärten«. Grotten, Höhlen, große Kanäle und gestrandete Korallenreste bieten Schutz, Lebensraum und Nahrungsquelle für zahllose Pflanzen und Meerestiere. Die Rifflebewesen konkurrieren in Farbe und Form, um möglichst wirksam zu jagen oder vor Räubern Schutz zu finden. Der auffällige Citron Coralfish, der Clown Triggerfish und der Red Emperor finden in den Korallengärten leicht ein Versteck.

### *Versunkene Berge und Korallenbänke*

Riffe entstanden auch dort, wo Aborigines vor 15 000 Jahren Känguruhs und Tasmanische Beutelwölfe (Thylacines) jagten. Mit dem Anstieg des Meeresspiegels entwickelten sich die höheren Hügel zu Inseln. Wie an vielen Orten Australiens erzählen auch hier die Aborigines, wie sie durch Ansteigen des Meeresniveaus Lebensraum verloren haben. Einige dieser hügeligen und dicht be-

Oben rechts: *Symbiose – ein Anemonenfisch schmiegt sich in die Tentakeln einer gegen sein Gift immunen Anemone.*

Folgende Doppelseite: *Die Whitsunday-Inselgruppe und ihre Saumriffe liegen innerhalb des Great-Barrier-Riff.*

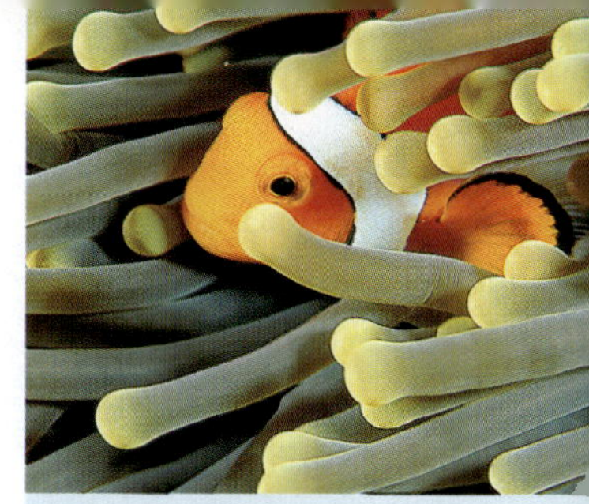

**Lage:** Vor der Küste von Queensland, erstreckt sich von Kap York und der Torres-Straße im Norden bis Gladstone im Süden bis 400 km nördlich von Brisbane.

**Klima:** Tropisch, mit trockenen, warmen Wintern und heißen, feuchten Sommern. Intensive Sonnenstrahlung, Wassertemperaturen über 20 °C. Stürme von November bis April.

**Reisezeit:** Jederzeit, am besten jedoch Mai-Oktober, da die Sommer zu heiß und zu feucht sind. Nördlich von Mackay sind Luftfeuchte und Temperatur ganzjährig hoch.

**Anreise:** Per Boot von Cooktown, Port Douglas, Cairns, Cardwel, Townsville, Airlie Beach, Shu Harbour, Mackay, Yeppoo, Gladstone, Seventeen Sevent, Bundaberg. Einige Inseln sind auch mit Flugzeug oder Hubschrauber erreichbar.

**Genehmigungen:** Informationen bei der Meeresparkverwaltung und jeder anderen Parkverwaltung in Cairns, Townsville, Mackay oder Brisbane.

**Ausrüstung:** Sonnendach, breitkrempiger Hut, Schwimm-, Schnorchel- und Angelausrüstung, leichte Kleidung für den Tag, warme für die Nacht, feste Schuhe, Angelzeug, Kartenmaterial für Bootsfahrten, GPS-Ausrüstung, Taschenlampe, wasserdichte Ausrüstung.

**Einrichtungen:** Mehr als 40 Orte mit Unterkünften aller Klassen. Hochgeschwindigkeits-Katamarane, Flugverbindungen, Jachten für Selbstsegler zur Miete, Charterboote. Meeresparkverwaltung mit Aquarium in Townsville.

**Tierbeobachtung:** November-Mai für nistende Schildkröten und Seeschwalben, Reiher, Millionensturmtaucher und Fruchttauben. Walbeobachtung mit im Riffwasser gebärenden Buckelwalen April-Oktober.

**Besucheraktivitäten:** Schwimmen, Sporttauchen, Schnorcheln, Riffwanderungen (erlaubt, aber nicht gefördert, da Riffe empfindliche Systeme darstellen), Meeresstudien. Vogel-, Wal- und Schildkrötenbeobachtung. Boot fahren, segeln, Inselerkundungen.

HELIJET

waldeten Inseln, wie Lizard und die Whitsunday-Gruppe, wurden allmählich von Saumriffen umgeben.

Die niedrigeren Erhebungen waren zu klein, um als Inseln zu existieren; sie wurden überflutet und entwickelten sich zu Korallenbänken. Die Sandbänke begannen als schmale Streifen weißen Sandes und wurden später von Pflanzen und Tieren besiedelt. Sie reagieren bei den heftigen tropischen Stürmen sehr empfindlich. Die Vegetation auf diesen Inseln reicht von harten Kriechpflanzen wie *Convolvulus* auf den schmalen Bänken bis zu dichten *Pisonia*-Wäldern auf der Gladstone vorgelagerten Heron-Insel.

## Erkunden des Riffs

Zum Wachsen und Überleben benötigen Polypen intensive Sonnenstrahlung, klares, nicht mehr als 30 m tiefes Salzwasser und Wassertemperaturen von über 17,5 °C. Unter solchen günstigen Bedingungen kann sich eine bizarre Welt unter der wunderbar blauen Wasseroberfläche bilden.

Die meisten Besucher kommen für einen Tagesausflug von Cairns oder Port Douglas auf die Inseln. Eine typische Rifferkundung führt sie mit einem Katamaran 50 km weit zu einem Ponton. Dort werden Ausblicke auf die Korallen- und Fischwelt des Meeres geboten; außerdem gibt es dort ein markiertes Schnorchelrevier, Informationen über das Meeresgebiet, Taucherausrüstungen und sogar ein Restaurant.

Oben: *Delphine wie dieser* Tursiops truncatus *treiben sich mit ihren Jungen oft in den Riffgewässern herum.*

Links: *Zahlreiche farbenprächtige Korallen, wie die fächerartige Orange Gorgonian und die rosafarbene Stylaster, leben im ausgedehnten Great-Barrier-Riff.*

Hier, im äußeren Riff, gedeihen hoch aufragende Korallen sowie eine Vielzahl an schönen Engelshaien, Riffbarschen, Seepapageien und Lippfischen. Wundervolle Anemonenfische suchen Schutz in den kurzen Tentakeln von Anemonen, während glänzende Nacktkiemer durch das Wasser schweben. Mit ein wenig Glück kann man in der Strömung sogar die schönen Suppenschildkröten entdecken.

Beim Rückweg an die Küste können die Boote die Michaelmas-Bank passieren, ein besonderes Schutzgebiet für nistende Seevögel. Hunderte von Seeschwalben faulenzen dort auf Landvorsprüngen, wo sie ihre Köpfe Richtung Südosten in den Wind halten. Wolken mit Tausenden von laut kreischenden Ruß-Seeschwalben und Noddies wirbeln während der ganzen Brutsaison über der Insel.

## *Einteilung des Riffs*

Der Great-Barrier-Riff-Meerespark bietet Lebensraum für eine Vielzahl an Vögeln, Schildkröten und Walen, zahllose Fische, Krustentiere, Mollusken und Würmer sowie eine riesige Bandbreite an weichen und harten Korallen. Zwischen Bundaberg und Cooktown gibt es viele Orte und Städte mit Unterkünften und touristischen Einrichtungen.

Strenge Richtlinien sichern den Erhalt des Riffs und der Gewässer. Zur besseren Organisation wurde das Gebiet von der Meeresparkverwaltung in einzelne Nutzungsregionen eingeteilt. Das Spektrum reicht von einer Segel- und Angelzone über eine begrenzt zum Angeln freigegebene Zone, eine kommerziell genutzte und eine ungestörte Erholungsfläche bis zu einer unter striktem Naturschutz stehenden Zone.

**Oben:** *Eine Unechte Karettschildkröte an ihrem Niststrand auf der Heron-Insel.*
**Unten:** *Seevögel wie dieser Brown Booby, eine Tölpelart, nisten auf Sandbänken.*

# Carnarvon-Nationalpark

## *Kahle weiße Schluchten, rote Gesteinskunst*

Der Carnarvon-Nationalpark liegt im Herzen von Queensland, 724 km nordwestlich von Brisbane. So entlegen der Park auch zu sein scheint, gähnende weiße Schluchten, klare Bäche, schöne Wälder, hohe Palmen, Baumfarne und lebhafte Gesteinskunst der Aborigines ziehen viele Besucher an. Die spektakulären Schluchten bestehen aus weißem Sandstein. Zusammengedrückt, rissig und erodiert, enthält der Sandstein heute Hunderte von großen Baumstämmen und Ästen, die durch die vorzeitlichen Fluten eingeschwemmt wurden. Unterhalb der Einbettungen des porösen Precipice-Sandsteins blockiert undurchlässiger Schiefer den Wasserdurchfluß durch den Sandstein. Das Wasser wird in den Carnarvon-Bach umgeleitet, der somit eine ständige Wasserführung erhält.

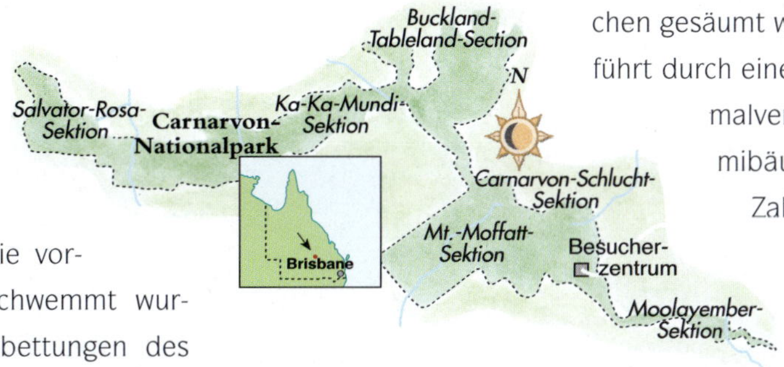


Der Park erstreckt sich auf 180 km Länge über das Zentrale Hochland von Queensland – ein Teil von Australiens Great Dividing Range – im Zentrum eines strahlenförmigen Netzwerks an großen Flüssen: Thompson, Warrego, Maranoa, Dawson, Comet und Süd-Burdekin. Ein kleiner Bereich des heutigen Parks wurde 1932 unter Schutz gestellt. Die letzte Ergänzung erfolgte 1990; somit beträgt die Gesamtfläche 2980 km$^2$.

### *Leben auf dem Grund der Schlucht*

Vor 20 Millionen Jahren wurde Australien von einer allmählich stärker werdenden Dürre heimgesucht. Sie veranlaßte die wildlebenden Tiere und Pflanzen des trokkenen Inlands, nach einer Zuflucht zu suchen, die ständig über Feuchtigkeit verfügt. Daher stammt die unglaubliche Mischung an Pflanzen, die sich dicht um die Gewässer des Carnarvon drängen.

Der Carnarvon-Bach-Wanderweg beginnt an einer Felsüberquerung, wo der Bach von Eichen gesäumt wird. Ein Großteil des Weges führt durch einen hohen Wald mit schönen malvenfarbig-gesprenkelten Gummibäumen, die 50 m hoch sind. Zahlreiche Kohlpalmen wachsen in den Himmel und bilden ein dichtes Blattwerk unterhalb des Kronendachs aus Eukalyptusbäumen. Junge Palmen, Adlerfarne und gelber Hibiskus, pflaumenfarbig in der Mitte, wachsen auf mit Bladey-Gras bewachsenem Boden. Ab und zu wirft die Dinosaurier-Zikade, *Macrozamia moorei*, ihre feurig-roten, ananasgroßen Samen ab.

Känguruhs, die auf dem Campinggebiet in großer Zahl vorkommen, lassen sich leicht beobachten. Entlang des Wegs findet man angenagte Samen und Löcher, die durch die Rinde bis in das Mark des Baumes gefressen wurden. Sie sind der einzige Hinweis auf die nachtaktiven Bewohner des Gebietes, wie Buschschwanzbeutelratten, Buschratten und Große Gleithörnchenbeutler. Bei Nacht reflektiert das Taschenlampenlicht die leuchtenden Augenpaare des Großflugbeutlers; das Bild ähnelt Sternen hoch in den Bäumen. Mit etwas Glück sieht der Besucher vielleicht auch schwarz-weiße Kletterbeutler mit ihrem pelzigen Schwanz; sie können in der Luft 100 m bis zum nächsten blühenden Eukalyptusbaum gleiten. Auch nach Nahrung suchende Flughunde tummeln sich gern in den luftigen Höhen. In der Nähe geben Bent-wing-Fledermäuse fast unhörbare Laute von

**Gegenüber:** *Der Precipice-Sandstein umgibt die Carnarvon-Schlucht – eine Oase mit Kohlpalmen und Eukalyptuswäldern.*
**Oben rechts:** *Schilder an den Holzstegen erklären die Kunstwerke der Aborigines, die überall an den überhängenden Felswänden zu sehen sind.*

**Lage:** Hochland von Queensland, 245 km nördlich von Roma und 240 km südlich von Emerald.

**Klima:** Heiße, feuchte Sommer mit starken Stürmen; warme, trockene und sonnige Wintertage mit kühlen Nächten und manchmal Frost. Im Frühjahr trocken.

**Reisezeit:** Das Klima ist am angenehmsten von Mai bis September/Oktober; beste Zeit für Wildblumen April–Juni.

**Anreise:** Auf dem Landweg in Wyseby, 160 km nördlich von Injune und 105 km südlich von Rollestone, vom Carnavon Highway ab, dann 43 km auf Lehmstraßen in westlicher Richtung zur Parkverwaltung. Der Zugang ist schwierig bei Regenwetter, Zugang mit Allradantrieb von Injune nur bis zum Mount Moffatt.

**Genehmigungen:** Campingerlaubnis bei der Parkverwaltung auf dem Campinggelände erhältlich. 5-Tages-Begrenzung während der Schulferien.

**Ausrüstung:** Feste Wanderschuhe, kurze Hosen für den Tag, warme Kleidung für den Abend, Fernglas, hoher Lichtschutzfaktor, Hut, in den wärmeren Monaten Insektenschutz, Schwimmausrüstung, Campingausrüstung, Gasbrenner, starke Taschenlampe.

**Einrichtungen:** Campinggelände mit allen Einrichtungen, Wanderwege, Rastplatz am Big-Bend-Besucherzentrum, Parkaufsicht, Führungen zu den Kunstwerken der Aborigines, Infomaterial für Touren, Buchhandlung, Carnarvon Gorge Oasis Lodge an der Parkgrenze, Campinggelände in der benachbarten Farm.

**Tierbeobachtung:** In Bächen, bewaldetem Gelände/Wäldern und Savannen des Parks gibt es Känguruhs und Vögel; nachtaktive Säugetiere.

**Besucheraktivitäten:** Wandern, nach Boolimba klettern, Sonnenaufgang, Natur- und Kunststudien, Campieren im Busch, Ferienprogramm.

**Rechts:** *Diese Umrisse von Menschen, die es schon lange nicht mehr gibt, wurden mit Bumerangs und Händen kreiert, die auf den blanken Sandstein gehalten wurden und mit rotem Ocker aus dem Mund besprüht wurden.*

sich, wenn sie bei der Jagd nach Nachtfaltern die Luft durchschneiden.

Kurze Abstecher in die Seitenschluchten führen zu faszinierenden uralten Pflanzengemeinschaften, wie z. B. den exquisiten Moosgärten und den altertümlichen Farnen, die um den Kamoodangie-Bach wachsen.

## *Vögel, Vögel, Vögel*

Der Carnarvon-Nationalpark ist ein Paradies für Vogelbeobachter; das Spektrum reicht von kleinen, zarten, scharlachroten Zaunkönigen bis zu majestätischen Keilschwanzadlern. Wenn die aufgehende Sonne die Goombangie-Kliffs golden färbt, strömen Zehntausende von Regenbogen-Schmuckloris aus den fossilen Baumstammlöchern in den Steilklippen, um den Tag mit der Suche nach Blütennektar zu verbringen.

Große, tiefgrüne Königssittiche mit purpurroten Köpfen und Brüsten sausen durch das Baumdach. In dem klaren Bach beobachtet der azurblaue Eisvogel still jegliche Bewegung im Wasser – Sonnenfische, Juwel-Flußbarsche oder Frösche. Ein Schnabeltier taucht auf, um nach Luft zu schnappen, und überall auf dem Campinggelände ist die Luft mit dem Morgengesang von etwa 50 verschiedenen Vogelarten erfüllt.

## *Die Überlieferungen der Aborigines*

Tausende von Generationen der Pitjara-Aborigines entwickelten hier ein vielfältiges Leben. Im 19. Jahrhundert wurden viele Aborigines erschossen, vergiftet, oder sie starben an einschleppten Krankheiten. An den Wänden

**Links:** *Ein azurblauer Eisvogel,* Alcedo azurea, *fliegt in seinen Nestbau in der Erde am Ufer des Carnarvon-Bachs.*
**Unten gegenüber:** *Der Hauptwanderweg verläuft 12 km entlang der Schlucht und überquert mehrfach den Bach.*

vieler Felsüberhänge sind die Zeugnisse der traditionellen Bewohner und Künstler von Carnarvon zu erkennen. Drei von diesen Bereichen sind der Öffentlichkeit zugänglich; sie befinden sich nahe am Informationszentrum des Carnarvon-Nationalparks.

Die Kunstgalerie zeigt eine der großartigsten Ausstellungen der Schablonenmalerei in Australien; dargestellt werden Äxte, Anhänger, Hände, Schilde, Bumerangs und Tierspuren. Die Felswände der niedrigen Höhlen zeigen auch freihändig gemalte, geometrische Muster, Eidechsen, Nester mit Eiern sowie unzählige Gravuren.

Links: *Der Keilschwanzadler,* Aquila audax, *ist Australiens größter Adler. Ihn sieht man häufig über der Schlucht.*
Rechts: *Am Ende des Wanderwegs an der Kathedralen-Höhle, die für ihre spektakulären Wandbilder bekannt ist, wird die Carnarvon-Schlucht immer schmaler; noch enger sind die Nebenschluchten.*

# Fraser-Insel-Welterbestätte

## *Die größte Sandinsel der Welt*

Die Fraser-Insel ist mit einer Fläche von 1840 km² die größte Sandinsel der Welt. Hoch aufragende, mit Bäumen oder Wallum (tropischer Heide) bedeckte Dünen erheben sich zwischen 200 und 244 m über Meeresniveau. Verstreut zwischen den Dünen liegen 148 Seen mit klarem Wasser, gigantische Wanderdünen, klare, von Piccabeen-Palmen gesäumte Flüsse und hohe prähistorische Farne (*Angiopteris evecta*), Wälder mit 50 – 60 m hohen Satiany-Bäumen und großen Beständen an Kaurifichten und Blackbutt-Bäumen. Fast die Hälfte aller australischen Vogelarten ist auf dieser Insel zu finden.

Die Insel liegt 257 km nördlich von Brisbane und wird durch die Harvey-Bucht vom Festland getrennt. 1971 wurde der größte Teil der Insel (1400 km²) als Teil des Great-Sandy-Nationalparks zum Schutzgebiet ausgerufen, das sich auch an der Festlandsküste nach Süden erstreckt. Seit 1992 wurde die gesamte Insel zum Welterbe erklärt.

### *Viel Sand, viele Seen*

Die Fraser-Insel entstand durch einen gigantischen sandigen Unterwasserstrudel direkt vor der Küste. Mit den Schwankungen des Meeresspiegels bildete sie sich weiter, bis sie dem Einfluß des Windes unterlag, der Düne um Düne herausarbeitete. Vegetation bedeckt den Boden, aber von der Küste herangeblasener Sand bewirkt, daß die Dünen erhalten bleiben.

Gegenüber: *Die Fraser-Insel mit ihren mächtigen, meist bewaldeten Dünen ist die größte Sandinsel der Welt.*

Oben rechts: *Die Dingos der Insel gelten als die reinrassigste Dingo-Population in Australien.*

Gelegentliche Buschfeuer zerstörten die schützende Bedeckung und ermöglichten, daß der Wind große Mulden ausschürfte. Einige werden von Vegetation umrahmt oder mit Niederschlagswasser gefüllt und bilden Seen, die sich teilweise weit über Meeresniveau befinden.

Der 3 km lange Boomanjin-See ist der größte seiner Art auf der Erde. Der Bowarrady-See ist für seine Tierwelt – besonders für die Schildkröten – bekannt, und Garawongera ist Lebensraum für zahlreiche Wasservögel: Der MacKenzie-See bietet Möglichkeiten zum Schwimmen und einen gut ausgestatteten Campingplatz am Ufer.

### *Leben auf der Fraser-Insel*

Zehn Typen von Pflanzengesellschaften gedeihen auf der Insel. Das Spektrum reicht von über die ganze Insel verstreuten Beständen dichten Regenwalds bis zu Mangroven an der Westküste. In Teilen der Insel gibt es würzig riechende, offene Wälder mit riesigen Exemplaren von Blackbutt, Tallow Wood und Red-Bloodwood-Eukalyptus. Typische australische Küstenpflanzen wie Akazien, Geebungs, Monotocas, Banksien und Teebäume, bedecken die Dünen; auf den Böden gedeihen viele Leguminosen, Orchideen und Gräser.

Diese Vielfalt macht Nachtwanderungen mit Scheinwerfern oder einer Taschenlampe auf der Suche nach den flinken Nachtlebewesen überaus lohnend. Mehrere Arten von Kletterbeutlern, Beutelratten und Graukopf-Flughunden lassen sich dabei auf der Suche nach Nahrung zwischen den Blüten und Früchten der Baumkronen sehen.

Auf der Insel gibt es auch 60 Reptilienarten, überwiegend Eidechsen und schwergewichtige, über 1,5 m lange Warane, die auch auf Campingplätzen Nahrung suchen.

**Lage:** 257 km nördlich von Brisbane, über Rainbow Beach auf der Great-Sandy-Straße von der Harvey-Bucht.

**Klima:** Im Winter warme Tage, kühle Nächte; im Sommer heiß und feucht im Inneren (an der Küste kühler, stürmisch, mit intensiven Niederschlägen).

**Reisezeit:** Am besten während der kühleren Zeit von Mai bis September; dann gibt es auch viel weniger Moskitos und Fliegen.

**Anreise:** Mit Boot oder Kahn von Urangan, River Heads und Insk Point (Rainbow-Strand); Allradantrieb ist für Inseltouren nötig (an Stränden große Gefahr des Aufsetzens und Einsinkens in den Sand).

**Genehmigungen:** Fahrgenehmigung für die Insel und Erlaubnis zum Campen gibt es bei Parkverwaltungen in Brisbane, Maryborough, Noosa, an der Harvey-Bucht, Gymple und am Rainbow-Strand.

**Ausrüstung:** Insektenschutzmittel, Schnorchel- und Angelausrüstung, Ersatzkanister, Luftzufuhr- und Luftdruckmeßgerät, Abschleppseil, Landkarten und Ersatzteile.

**Einrichtungen:** Sieben Campingplätze mit Duschen, Trinkwasser und Toiletten, drei davon auch mit Telefon. Andere Unterkünfte im Fünf-Sterne-Hotel Kingfisher Bay Resort, Hütten in Dill Village, Eurong und Happy Valley. Pisten und Wanderwege.

**Tierbeobachtung:** Walbeobachtung von höheren Stellen an der Küste am besten August-Oktober; Schildkröten und Vögel am Bowarrady-See; Zugvögel auf Sumpf- oder Sandebenen Oktober-April; Tierbestimmung an der Kingfisher-Bucht.

**Besucheraktivitäten:** Strand- und Flußfischen, Camping, Wandern, Strandtour mit Allradantrieb, Schwimmen, Schnorcheln, Bootfahren im Meer, Kanufahren in Seen.

**Rechts:** *Seeschwalben bevölkern die zahlreichen Seen der Fraser-Insel vor allem bei starken Ostwinden.*

Die beträchtliche Dingopopulation bildet für viele am Boden lebende Kleinsäuger wie auch für Känguruhs eine ständige Gefahr. Die hier lebenden Dingos gelten aufgrund der räumlichen Isolation als die reinrassigsten Australiens.

Vogelfreunde werden auf der Fraser-Insel nicht enttäuscht. Jährlich machen hier durchschnittlich 36 000 Zugvögel Rast und halten sich in den Sumpfebenen auf. 18 Raubvogelarten, darunter große Weißbauch-Seeadler und Keilschwanzadler als größter Raubvogel Australiens, schwingen sich in die Lüfte und nisten auf der Insel. Sie beherbergt auch eine erstaunliche Anzahl anderer Vogelarten, darunter 13 Tauben-, 16 Papageien-, 11 Kuckucks-, 11 Eulen- und Nachtschwalben- sowie Honigesserarten.

## *Die Wunder der Fraser-Insel genießen*

Wie das südwestliche Tasmanien, die Myall-Seen und Kakadu wurde auch auf der Fraser-Insel erst nach langen öffentlichen Diskussionen ein Nationalpark gegründet, nachdem die Regierung davon überzeugt worden war, daß der Schutz des Gebiets wünschenswerter wäre als eine kommerzielle Nutzung. Sandabbau gehört auf der Insel inzwischen der Vergangenheit an – die unverbrauchten Dünen und Seen erfreuen jedes Jahr Tausende von Besuchern.

Die meisten Gäste erforschen die Insel mit allradgetriebenen Autos auf dem »75-Meilen-Strand«; dieser Hauptverkehrsweg verläuft entlang dem Pazifischen Ozean. Der direkt hinter dem Strand an der 34-Kilometer-Marke gelegene Ort Eurong ist das Tor zu dem Pistennetz, das Zugang zu den Wäldern und Seen bietet. Weiter am Strand entlang reihen sich Orte, schöne Campingplätze und Küstenabschnitte aneinander. Der Strand endet am weit abgelegenen Sandy Cape an der Nordspitze der Insel.

**Unten:** *Warane wie dieser* Varanus varius *werden bis zu 2 m lang und treiben sich oft auf Zeltplätzen herum.*

**Unten rechts:** *Das klare Wasser des Boomarijn-Sees schimmert wie viele andere Seen der Fraser-Insel in den Farben der ihn umgebenden Vegetation.*

# Lamington-Nationalpark

## *Die Green Mountains*

Der 1915 gegründete Lamington-Nationalpark umfaßt Teile der als »Scenic Rim« bezeichneten Landschaft in den MacPherson-Bergen, 90 km südlich von Brisbane, der Hauptstadt von Queensland. Kaum vorstellbar, daß sich gerade einmal 30 km östlich dieser wilden Green Mountains die leuchtenden Wolkenkratzer der pazifischen Goldküste erheben.

Der Park erstreckt sich über das Lamington-Plateau und umfaßt eine Reihe von Bergketten; diese verlaufen nördlich der steilen Klippen an der Grenze zu Neusüdwales wie die Speichen eines riesigen Rads in alle Richtungen. Es sind die nordwestlichen Ausläufer eines 150 km langen erloschenen Vulkanmassivs; dessen altes Zentrum, der 1156 m hohe Mount Warning, liegt direkt südlich der Grenze zu Neusüdwales. Die tiefen Schluchten und Cañons zwischen den Bergketten sind Überreste der früheren Abflüsse des Vulkans.

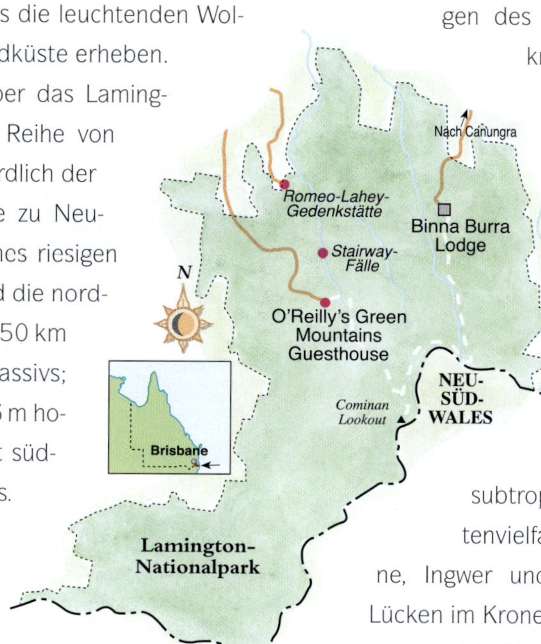


Der überwiegende Teil des Parks wird von stockwerkartig aufgebautem Regenwald eingenommen, der reich an Epiphyten und spiralenförmigen Kletterpflanzen ist. 1986 wurde der Lamington-Nationalpark als Teil des Central Eastern Rainforest in die Liste des Welterbes aufgenommen. Dieser 206 km² große, dicht bewachsene Park wird nicht durch Straßen erschlossen und muß zu Fuß erforscht werden.

### *Üppige Regenwälder*

Lamington ist ein über 1000 m hohes Plateau, das die vom Pazifik Feuchtigkeit bringenden Südostwinde abfängt. Die sprudelnden Bergbäche und -flüsse werden von den Hochwässern in den Schluchten gespeist – so strömen die großartigen Coomera-Fälle aus einer erstaunlich kleinen Öffnung in einer grünen Wand aus Farnen und Kletterpflanzen. Die höheren, nebelverhangenen Lagen des Parks werden von Nebelwald mit knorrigen Antarktischen Buchen bedeckt – einige Exemplare sind über 2000 Jahre alt. In der Krautschicht gedeihen Orchideen, Farne, Flechten und Moose. Über die Nebelschwaden erheben sich die höheren Coachwoods mit ihren grauen Stämmen; dazwischen gedeihen Baumfarne.

In den tieferen Lagen zeigt der subtropische Regenwald eine enorme Artenvielfalt. Auf dem Waldboden warten Farne, Ingwer und kleinwüchsige Bäume auf helle Lücken im Kronendach, um schließlich rasch emporzuwachsen. Mächtige Würgefeigen bedecken ihre Wirtsbäume netzartig, um von dort aus nach oben zu streben. Überall wird der Wald vom Grün der Epiphyten geprägt, und Nestfarn, Elkhorn und Staghorn bilden in den Gipfelregionen »Hängende Gärten«.

### *Tierleben im Wald*

Das sanfte, eindringliche Gurren von Früchte fressenden Tauben im Kronendach, wie der großartigen Wompoo, kündigt das Herunterprasseln von Früchten und Kernen an. Leuchtfarbene Tauben wie diese tragen zusammen mit kreischenden Pennant-Sittichen und Königssittichen zur Farbenpracht des Waldes bei. In mehrere Meter hohen Haufen von zersetztem Laub brütet der Brush Turkey seine Eier aus. Aus den Schluchten heraus ertönt das Echo der Rufe der Albert-Leierschwänze, untermalt vom Rau-

Oben rechts: *Pilze wie dieser* Collybia sp. *wandeln die organische Substanz des Regenwaldes in wichtige Nährstoffe um.*

**Lage:** 107 km südlich von Brisbane Richtung Binna Burra; 115 km südlich von Brisbane Richtung Green Mountains.

**Klima:** Mai-September: kühle bis kalte Nächte, tagsüber meist warm und klar; Oktober-März: feucht und warm bis heiß, viele dunstige Stürme; Dezember-März: schwere tropische Regen.

**Reisezeit:** Jederzeit, obwohl die kühleren, trockeneren Monate im Winter und Frühling zum Wandern geeigneter sind.

**Anreise:** Über asphaltierte Straße nach Binna Burra und »Green Mountains« von Brisbane, Beaudesert und der Goldküste; die engen Bergstraßen sind für Caravans und Autos mit Anhänger unpassierbar.

**Genehmigungen:** Erlaubnis zum Campen erforderlich; sie ist in der Parkverwaltung in Binna Burra erhältlich.

**Ausrüstung:** Feste, wasserdichte Schuhe oder Stiefel, Regenkleidung, Wasserflasche, Fernglas, warme Jacke, Insektenschutzmittel.

**Einrichtungen:** Private Unterkünfte, Camping und Picknickplätze in Binna Burra und Green Mountains; Informationszentrum in Binna Burra; insgesamt 150 km Wanderwege unterschiedlicher Schwierigkeitsgrade, darunter auch ein für Behinderte zugänglicher Weg; Strandpromenade in Green Mountains; Picknickplätze an den Wegen; Parkaufsicht.

**Tierbeobachtung:** An vielen Stellen des Parks möglich; Känguruhs und Wallabies sind auf den Grasflächen um die Zentren von Binna Burra und Green Mountains zu sehen. Farbenprächtige Papageien und andere Vögel versammeln sich an Futterplätzen in großer Zahl.

**Besucheraktivitäten:** Wanderungen auf den vielen Wegen durch den dichten Regenwald, Tierbeobachtungen, Studien an Fließgewässern und Gesteinen.

schen der Bäume und Wasserfälle. Scheue Schnabeltiere gibt es häufig, sie sind aber selten zu sehen.

Die Nacht ist im Regenwald die Zeit der großen Powerful-Eule. In aller Ruhe wartet sie auf Beute, bis sie sich mit ausgefahrenen Krallen auf einen Brown Antechinus, einen gleitenden Kletterbeutler oder eine Ringelschwanzbeutelratte hinunterstürzt. Rotbein- und Rothalsfilander sowie kleine geheimnisvolle Wallabies, die an den Rändern des Regenwaldes leben, sind zu groß für diese Nachtvögel.

Oben: *Die Elabana-Fälle stürzen am Oberlauf des Canungra Creek herab.*
Oben rechts: *Der Eastern-Water-Flugdrache wird oft an Bächen und Wasserfällen gesehen.*
Rechts: *Im Coomera Creek lebt der blaue, in den Flüssen der MacPherson-Kette beheimatete Flußkrebs* Euastacus.

## *Unterwegs im Park*

Alle Routen des sehr gut ausgebauten Systems an Wegen führen durch kühle, feuchte Luft, und jeder Besucher, der sich in den Park begibt, wird vom unverkennbaren, aber nicht unangenehmen Geruch feuchter Pilze empfangen. Das Laub am Boden dämpft das Geräusch der Schritte und bietet eine Heimat für unvorstellbar große Populationen an wirbellosen Tieren. Es ist gesprenkelt mit weißen, goldfarbenen, tiefblauen und orangefarbenen Pilzen. Bei nächtlichen Unternehmungen im Wald zeigt sich das schaurige Leuchten einiger Arten.

Mehr als 150 km dieses Wegesystems sind zugänglich, entweder von Binna Burra am östlichen Ende des

Border Tracks, wo in der berühmten Mountain Lodge Quartier bezogen werden kann, oder vom nicht weniger bekannten Gästehaus O'Reilly's (»Green Mountains«) am westlichen Ende. Beide Orte umfassen Lichtungen, an denen sich Hunderte von wild lebenden Papageien, viele Samtgoldvögel und einige Wallabies täglich füttern lassen. Ein ansteigender Wanderweg durch den Wald von O'Reilly's aus bietet Panoramablicke über die Umgebung; unter sich entdeckt man die hohen Bäume, die in den Randbereichen von Staghorns und »Hängenden Gärten« bewachsen sind.

Jeder Stützpunkt bietet Campingplätze. Die Routen auf jedem der 14 Wege in Lamington lassen sich jeweils gut an einem Tag bewältigen. Der gesamte Border Track entlang des »Scenic Rim« von Binna Burna bis O'Reilly's ist eine lange Tageswanderung, die aber wunderbare Ausblicke Richtung Süden nach Neusüdwales und über Bergketten hinweg zum Mount-Warning-Nationalpark bietet.

Oben: *Der scheue Rothalsfilander,* Thylogale thetis, *wagt sich nur zum Fressen aus dem Wald.*
Oben rechts: *Der Border Track zwischen Binna Burra und den Green Mountains bietet spektakuläre Eindrücke vom Regenwald.*
Rechts: *Männliche Königssittiche,* Alisterus scapularis, *und die grünköpfigen Weibchen leben im Kronendach der Wälder.*
Ganz rechts: *Der* Hygrophorus sp. *ist eine der zahlreichen Pilzarten, die im feuchten Laub des Waldbodens gedeihen.*

# NEU-SÜDWALES

Am 22. August 1770 nahm James Cook im Namen König Georgs III. von England die Ostküste von Australien offiziell in Besitz. Damit wurden etwaige Besitzansprüche der seit Tausenden von Jahren hier lebenden australischen Aborigines für nichtig erklärt. Von diesem Zeitpunkt an wurde die westliche Hälfte des Kontinents als Neu-Holland bezeichnet, die östliche Hälfte als Neusüdwales. Der heutige, mit 801 600 km² wesentlich kleinere Bundesstaat Neusüdwales wird im Norden von Queensland und im Süden von Victoria begrenzt.

Neusüdwales zählt neben Queensland und Victoria zu den abwechslungsreichsten Gebieten des Kontinents. Die klimatischen Verhältnisse reichen von subtropischen Bedingungen im Norden bis zu gemäßigten im Süden, wobei der Kosciuszko-Nationalpark den größten Teil der subalpinen Hochlagen umfaßt. Der überwiegende Teil der Feuchtigkeit wird von auflandigen Winden von der Küste her eingetragen. Die Dürre nimmt in Richtung des trockenen Inneren des Kontinents zu. Der subtropische Regen- und der feuchte Eukalyptuswald des Dorrigo-Nationalparks an den Steilhängen der Nordküste stehen in starkem Kontrast zu den Dünenlandschaften des Mungo-Nationalparks im äußersten Westen des Staats.

Vom Pazifischen Ozean erstrecken sich in westlicher Richtung fünf landschaftliche Regionen bis zur Grenze zu Südaustralien: die Küste und die Küstenebenen, das östliche Gebirge – die sogenannte Great Dividing Range –, das direkt hinter dem Tiefland an der Ostküste von Australien liegt, die im Westen vorherrschenden Bergregionen, die Ebenen des Murray-Darling-Flußsystems sowie die westlich davon gelegenen trockenen Hügelländer, Bergketten und Dünenlandschaften der Wüste.

Während die Gebiete an der Küste von Neusüdwales, Victoria und des südlichen Queensland die größte Bervölkerungsdichte Australiens aufweisen, schützen die Nationalparks große Teile der angrenzenden Bergregionen und viele der prachtvollen Strände. Das erste als Nationalpark bezeichnete Gebiet der Welt, der Royal-Nationalpark, liegt an der Küste südlich der Hauptstadt Sydney. Der Myall-Seen-Nationalpark im Norden schützt eine der schönsten Küstenlagunen in Neusüdwales. Weit draußen im Pazifischen Ozean, 700 km nordöstlich von Sydney, liegt die Lord-Howe-Insel mit den größten Korallenriffen der Welt.

# Dorrigo-Nationalpark

## *Welterbe-Regenwälder*

Der Dorrigo-Nationalpark liegt 40 km landeinwärts von der Straße von Urunga an der Nordküste von Neusüdwales nach Armidale. Er umfaßt üppige Vegetation mit spektakulären Regenwäldern und feuchten Eukalyptuswäldern. Mit einer Ausdehnung von 79 km² erstreckt sich der rauhe Park im oberen Einzugsgebiet des nördlichen Arms des Bellinger (Rosewood Creek).

Starke Regenfälle, fruchtbare vulkanische Böden und Höhen von 0–970 m über Meeresniveau haben eine reichhaltige Pflanzen- und Tierwelt hervorgebracht. Der Park wurde 1927 gegründet und birgt die letzten Überreste der dichten und reichen Wälder des einst ausgedehnten Dorrigo-Buschlands. Die große ökologische Bedeutung dieses Gebietes wurde jedoch erst 1986 anerkannt, als es ein Teil der Welterbestätte Central Eastern Rainforest wurde.

### *Eine grüne Zuflucht*

Das geschlossene Kronendach des Regenwalds schützt eine feuchte, schattenspendende Welt von immenser Schönheit – ein natürliches Treibhaus mit beständig hoher Feuchtigkeit, mit epiphytischen Farnen, Orchideen und Lianen. Das Klima im Dorrigo-Regenwald variiert von subtropischen bis hin zu warmen, gemäßigten Bedingungen. Der gemäßigte Regenwald bildet den verbleibenden Teil früher großräumiger Waldflächen, die von Tasmanien im Süden bis Cairns im Norden reichten und sich entlang der Steilhänge des Great Dividing Range erstreckten. Er bietet einer großen Artenvielfalt, die ihren Ursprung auf Gondwana hatte, geeigneten Lebensraum. Die umrahmenden Täler und die Hänge an den feuchten Steilhängen der Regenwaldgebiete stellten Zufluchtsorte vor den zahlreichen Dürrekatastrophen der vergangenen 20 Millionen Jahren. Viele dürreresistente Pflanzen Australiens wie die Seideneiche haben ihren Ursprung im Regenwald.

Gegenüber: *Die Steilhänge des Dorrigo-Nationalparks sind mit dichtem Regenwald bewachsen.*

Oben rechts: *Der Australische Königssittich.*

Vorangegangene Seiten:

42: *Spektakuläre Sandsteinklippen im Blue-Mountains-Nationalpark.*

43: *Die künstliche Wasserversorgung hat die Population des Roten Riesenkänguruhs im Inland von Neusüdwales stark anwachsen lassen.*

### *Dynamisches Zentrum des Regenwalds*

Vom Ort Thora aus verläuft die Straße durch den Park bis auf den Dorrigo Mountain, der von Eukalyptuswäldern, subtropischen Regenwäldern und, am höchsten Punkt des Bergpasses, von warm-gemäßigten Regenwäldern bewachsen ist. Plötzlich endet der Regenwald, und die Straße erreicht eine strahlend sonnige, wellige Hochebene mit Kikuyu-Gras; dort wuchs früher ebenfalls dichter Regenwald. Das Zentrum der Dorrigo-Welterbestätte liegt am Rande des Waldes; ein Holzsteg verläuft am Steilhang oberhalb des Baumdachs. Eine ständige Ausstellung in diesem Zentrum bietet Einblicke in das Regenwaldsystem und beschreibt Wege, auf denen man diesen Park erkunden kann.

### *Warm-gemäßigter Regenwald*

Ein Spaziergang über den Wonga Walk, den Blackbutt Track oder den Rosewood Creek Track führt den Besu-

**Lage:** An den Küstensteilhängen 60 km südwestlich von Coffs Harbour, 75 km östlich von Armidale.

**Klima:** Kalte Winternächte mit gelegentlichem Frost; heiße, feuchte Sommer mit Stürmen; Regenschauer sind vor allem im Spätwinter und Sommer wahrscheinlich; Nebelbildungen an den Steilhängen.

**Reisezeit:** Wegen der kühleren Temperaturen sind Herbst, Winter und Frühling beste Reisezeit; von Oktober bis März ist es feucht-heiß.

**Anreise:** Auf dem Landweg über die Küstenstraße von Urunga; auf dem Luftweg nach Coffs Harbour oder Armidale, dann mit dem Auto. Busfahrten von Coffs Harbour.

**Genehmigungen:** Es gibt keine offiziellen Autocampingplätze, deshalb ist keine Campingerlaubnis erforderlich.

**Ausrüstung:** Leichte Kleidung und feste, wasserdichte Schuhe, Regenkleidung, Wasserflasche.

**Einrichtungen:** Regenwald-Besucherzentrum, Skywalk (ein Holzsteg, der über das Kronendach des Waldes führt und dem Besucher eine spektakuläre Sicht über den Park liefert), ein weiterer Holzsteg, der von den Steilhängen durch das Kronendach hinunterführt, Picknickplätze, Wanderwege aller Schwierigkeitsgrade, Toiletten, Café mit Erfrischungen.

**Tierbeobachtung:** Günstige Beobachtungsgelegenheit an den Wegen. Die Vögel in den Baumkronen können von den Holzstegen aus beobachtet werden, Buschhühner und Filander sind oft auf dem Gelände des Picknickplatzes »The Glade« zu sehen.

**Besucheraktivitäten:** Wandern, Zelten, Picknick, Regenwaldstudien.

Rechts: *Der Schnabeltier-Bach fließt im warm-gemäßigten Dorrigo-Regenwald unter Baumfarnen und Coachwoods.*

Unten: Armillaria asprata *ist einer von vielen Pilzen, die man auf moosbedeckten Baumstämmen auf dem feuchten Waldboden des Dorrigo-Nationalparks findet.*

cher tief in den Wald hinein. Der Rosewood Track verläuft von der Hochebene am Never-Never-Picknickplatz nach unten – zuerst durch hohe Eukalyptuswälder, dann in warm-gemäßigte Regenwälder, die unten dicht mit Farnen bewachsen sind. Die ledrig-grauen Stämme der Coachwoods, die sich über das durchschnittlich 40 m hohe Kronendach erheben, stehen in Kontrast zu den gefurchten grauen Rindenstämmen des Holzapfelbaums. Leise Fußtritte zerdrücken die würzig riechenden Blätter eines Fenchelholzbaumes, unter dessen Blätterhaufen sich der Brutplatz eines Buschhuhns befindet.

## *Subtropischer Regenwald*

Weiter unten führt der Weg in ein wärmeres, nach Nordosten exponiertes Gebiet. Ganz plötzlich ersetzen Strangler-Feigenbäume die Coachwoods. Der in der Nähe angesiedelte Große Brennesselbaum hat tellergroße, weiche, grüne Blätter, die mit stark brennenden Haaren übersät sind. Im Frühjahr sorgen die strahlenden Flammenbaumblüten und die jungen Blätter der Roten Zeder für bunte Farbkleckse. Großblättrige Tamarindenbäume und Piccabeen-Palmen sorgen für starke Kontraste. Weitere Bäume mit weit ausladenden Pfeilern sind der Gelbe Carabeen und der Booyong. Die großen gestützten Stämme sind von rankenden Farnen, Pothos-Wein, Nestfarnen und Elkhorns umwickelt. Zwischen den federartigen Epiphyten hängen Orchideen, während darunter farbenprächtige Pilze, blühender Ingwer und Stechpalmen aus dem feuchten Waldboden wachsen.

## *Waldfauna*

Die meisten Säugetiere im Dorrigo-Nationalpark, vor allem die Buschschwanz- und die Ringelschwanzbeutelratten, sind nachtaktiv; den scheuen Rothalsfilander kann man dagegen beim Fressen am Rande der Picknickplätze beobachten. Die großen Rauten- und Diamant-Pythonschlangen bewegen sich in allen Stockwerken des Waldes fast lautlos.

Wo auch immer man sich im Dorrigo-Nationalpark befindet, sind Vögel nicht weit. Pennant- und Rotkappensittiche fliegen durch das Baumdach. Auf dem Boden suchen Superb-Leierschwänze, Buschhühner und bunte Prachtdrosseln nach Futter. Akrobatische Rufous-Fächerschnäpper jagen oberhalb des Bachs Insekten, während sich Schnabeltiere auf den ufernahen Felsen sonnen; sie werden mit Früchten bombardiert, welche hoch oben von Federhauben, Brown, Wompoos und weißköpfigen Fruchttauben fallen gelassen werden.

Links: *Der »Skywalk« erlaubt den Besuchern des Dorrigo-Nationalparks, über den Baumwipfeln spazieren zu gehen.*

# Lord-Howe-Insel-Welterbestätte

## *Das letzte Paradies*

Das nur 15 km² große Gebiet – ein Tropfen im Pazifischen Ozean – liegt 770 km nordöstlich von Sydney; es wurde am 17. Februar 1788 erstmals von Menschen betreten. Von spektakulären vulkanischen Gipfeln bis hin zu unberührten Stränden, die an aquamarinfarbenes Wasser grenzen, war die Insel mit subtropischer Vegetation bedeckt; die Pflanzenwelt wurde dabei von vier endemischen Palmenarten dominiert. Da es keine größeren Raubtiere gab, stand die Tierwelt der Insel den menschlichen Besuchern völlig angstfrei gegenüber. Viele dieser Tiere wurden gejagt, um die hungernden Sträflinge in Sydney mit Nahrung zu versorgen.

Die Insel wurde 1836 besiedelt und 1878 zu einem Waldreservat erklärt. Fünf Jahre später wurde ein Botanisches Reservat ausgewiesen, um die endemische Kentia-Palme zu schützen, die die Haupteinahmequelle der Insel war. Ein dauerhaftes Schutzgebiet wurde 1981 gegründet; es deckt 80% der Insel ab. 1982 nahm die UNESCO 1463 km² der Lord-Howe-Inselgruppe mit Korallenriffen und marinen Lebensräumen in die Liste des Welterbes auf.

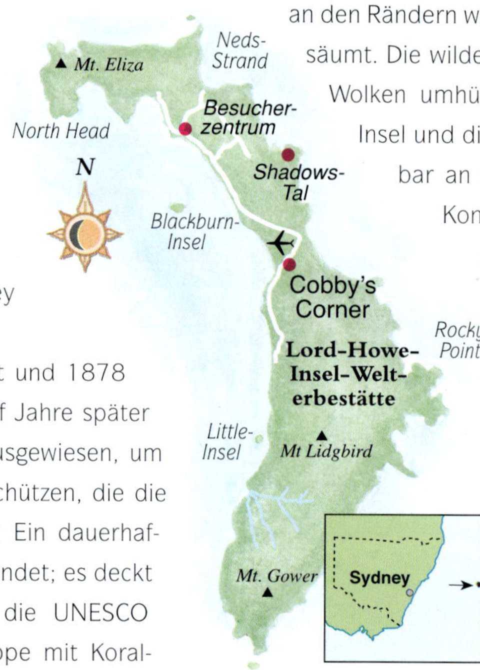


### *Feuer und Wasser*

Vor etwa 7 Millionen Jahren stieg im Gebiet der heutigen Tasmansee Lava empor. Es entstammte einem der vielen Hot Spots der Erde und kam aus Tiefen von 2000–3000 m an die Oberfläche. Rund 500 000 Jahre später brach das vulkanische Material schließlich die Oberfläche des Meeresbodens auf, und die Lord-Howe-Insel war geboren – ein großer Schildvulkan, der durch Lavaflüsse und gewaltige Ausbrüche entstand.

Viele Millionen Jahre mit Wellen, Regen und Winden haben den erloschenen Vulkan abgetragen und eine außerordentlich schöne Landschaft hinterlassen. Die beiden Gipfel der Insel, Mount Lidgbird (777 m) und Mount Gower (875 m) fallen steil zum klaren Wasser ab; an den Rändern werden sie von großartigen Riffen gesäumt. Die wilde Dramaturgie der beiden stets von Wolken umhüllten Gipfel an der Südspitze der Insel und die spektakulären Klippen von Malabar an der Nordspitze stehen in starkem Kontrast zu den welligen grünen Hügeln im Zentrum. Die Siedlungen breiten sich auf diesen Hügeln aus.

Helle Korallenstrände umrahmen beide Seiten des Zentralbereiches der Insel. Dagegen sind die Strände der Secret-Buchten bei Boatharbour und die Strände bei Rocky Run und Little-Insel aus sanft schimmernden Balsaltblöcken aufgebaut. Millionen von grotesk geformten, nadelscharfen Spitzen ragen aus Teilen der Küste und der Lagune auf.

### *Ein lebendes Labor*

Etwa ein Drittel der 228 Pflanzenarten der Insel ist endemisch. Das Ursprungsmaterial für deren Ansiedlung erhielt die Insel durch Wind und Wasser; außerdem erfolgte Materialeintrag auf die jungen Vulkane durch Vögel aus Australien, aus Neuseeland und von der Inselkette nördlich der Lord-Howe-Insel. Mit dem warmen Ostaustralischen Strom, der in der Tasmansee um die

Oben rechts: *Keilschwanz- oder Millionensturmtaucher,* Puffinus pacificus, *nisten während des Sommers auf der Insel.*

**Lage:** 770 km nordöstlich von Sydney in der Tasmansee (Pazifischer Ozean).

**Klima:** Subtropisch; feuchte und windige Winter. Temperaturen zwischen 10 und 26 °C. Nahezu ganzjährige Bewölkung an den Gipfeln von Mt. Gower und Mt. Lidgbird

**Reisezeit:** August-April, am besten Oktober-Februar.

**Anreise:** Auf dem Luftweg von Sydney, Brisbane und den Norfolk-Inseln; stark begrenzte Gepäckannahme.

**Genehmigungen:** Campen ist verboten.

**Ausrüstung:** Tauch-, Schnorchel- und Angelausrüstung. Leichte Sommerkleidung, Regenausrüstung, für die Abende warme Kleidung, feste Wanderschuhe, alte Stoffschuhe zur Erkundung der Uferregionen, Fernglas zur Vogelbeobachtung.

**Einrichtungen:** Gästehäuser und schlichte Wohneinheiten zu mieten. Da die Zahl der Unterbringungen begrenzt ist, ist es ratsam, früh genug zu buchen. Boote können innerhalb der Riffe sicher festgemacht werden. Es gibt zwölf Wanderwege um die Insel, von leicht bis extrem; einige Markierungen sind vorhanden. Boote für Tauch- und Angelausflüge sowie Fahrräder können gemietet werden. Läden, Museum, Informationszentrum, Post.

**Tierbeobachtung:** Schöne Aussichtspunkte über die Insel an den Wanderwegen. Sturmtaucher kommen aus Sibirien und dem Nordpazifik, um hier zu brüten; Providence-Sturmvögel können um den Mt. Gower gesichtet werden, Rotschwanz-Tropikvögel sieht man ebenfalls um die Berge und um die Klippen zwischen Kims Aussichtspunkt und Malabar. Waldhühner können oft im Little-Insel-Palmenwald beobachtet werden. Fischfütterung am Neds-Strand um 16 Uhr.

**Besucheraktivitäten:** Wandern, Rad fahren, Angeln, Schwimmen, Surfen, Schnorcheln, Sporttauchen. Vogelbeobachtungen, Bergsteigen (in Begleitung eines Führers), Boot fahren.

Lord-Howe-Insel endet, kamen marine Tiere als Eier, Larven und ausgewachsene Tiere hier an.

Die Evolution gab neuen Arten einen Anstoß, sich auf der Lord-Howe-Insel in anfänglich völliger Isolation anzusiedlen und sich dem eigentümlichen Lebensraum der Insel besser anzupassen. Bald lebten ozeanische Vögel, wie der Rotschwanz-Tropikvogel mit seinem scharlachroten Gefieder, der Sturmtaucher und der Providence-Sturmvogel neben Zugvögeln, die von ihrem Kurs abgekommen waren, wie Würgerkrähen, Golden Whistlers, Silver Eyes oder Rallen.

Die heute auf der Lord-Howe-Insel lebende Waldhenne ist der direkte Nachfahre der ersten Ralleneinwanderer. Die 1788 noch große Population wurde bis 1969 von Siedlern gejagt und auf 25–30 Vögel dezimiert. Durch ein intensives Brutprogramm und eine Reduzierung der Ratten konnte der freundliche, braune Vogel aber einer Ausrottung entgehen und wies 1998 wieder eine Population von etwa 200 Vögeln auf. Er kann auf dem Mount Gower und in den Palmenwäldern bei der Little-Insel beobachtet werden.

## *Die menschliche Seite der Lord-Howe-Insel*

1833 erreichten die ersten Siedler die Insel. Sie entwickelten eine kleine und recht außergewöhnliche Gemeinschaft. Das Eintreffen des Menschen sowie der Schweine und Ziegen war für die bestehende Tierwelt der Insel eine Katastrophe. Die ersten Ratten, Überlebende des Schiffsunglücks der SS Makambo, kamen 1918 auf die Insel, wodurch die Situation noch erheblich verschlimmert wurde. Sie fraßen Palmensamen, Vögel und Wirbellose. Innerhalb weniger Jahre waren ei-

Oben: *Mount Lidgbird und Mount Gower erheben sich im Nachmittagslicht über der Lagune der Lord-Howe-Insel.*
Rechts: *Gezielte Erhaltungsmaßnahmen haben das Waldhuhn,* Gallirallus sylvestris, *auf der Lord-Howe-Insel vor dem Aussterben gerettet.*

Ganz oben: *Einen schönen Blick über die ganze Lord-Howe-Insel genießt man vom Wanderpfad entlang des Malabar Ridge im Norden.*

nige Bodenvogel-Arten ausgestorben. Mit der Aussetzung von Eulen, die die Ratten fressen sollten, kam ein weiteres Raubtier hinzu – das Problem wurde so nur verlagert.

Heutzutage wird die Insel von dem Lord-Howe-Insel-Ausschuß verwaltet, der zusammen mit den Nationalparks von Neusüdwales und dem Wildtier-Service eine ständige Parkaufsicht und die Bewahrung der Inseltierwelt organisiert. Die Schweine wurden getötet, die Ziegen wurden bis auf eine kleine Anzahl reduziert und die Anzahl der Ratten wird mit Rattengift kontrolliert.

## *Ein Besuch im Paradies*

Zwölf Wanderwege erlauben dem Besucher, jeden Winkel dieser prachtvollen Insel gründlich zu erkunden. Aussichtspunkte, Strände, Buchten, Gesteinsformationen und Wälder laden zum Entdecken ein. Die Wanderung zur Goathouse Cave und zum Mount Lidgbird eröffnet eine sensationelle Aussicht auf die Lord-Howe-Insel und Balls Pyramid. Dieser spitze Felsen erhebt sich senkrecht 551 m aus dem Meer und ist Aufenthaltsort vieler Seevögel. Nur der Weg auf den Mount Gower ist schwierig. In der Nähe der Ansiedlungen führt der Wanderweg nach Malabar an den Klippen vorbei zu den Schwärmen der prachtvollen Rotschwanz-Tropikvögel.

Erfahrene Einheimische leiten Tauchexkursionen, Boots- und Fischfangausflüge um die Insel herum sowie nach Balls Pyramid. Eine Reihe von Unterkünften ist vorhanden, die Bettenanzahl ist jedoch begrenzt. Der Verwaltungsausschuß richtete eine Gesamtkapazität von 393 Betten ein – ein entscheidender Schritt für die Erhaltung der Natur auf der Lord-Howe-Insel.

**Ganz oben:** *Eine große Zahl kreischender Rotschwanz-Tropikvögel,* Phaeton rubricauda, *kann man das ganze Jahr weite Kreise über die Klippen ziehen sehen.*

**Oben:** *Der Mount Lidgbird erhebt sich über dem felsigen Wanderweg an der Südostspitze der Insel.*
**Links:** *Ein Katamaran ankert vor dem Old-Settlement-Strand in der Lagune unterhalb der wolkenverhangenen Berge Mount Lidgbird und Mount Gower.*

# Mungo-Nationalpark

## *Sand mit Geschichte*

Der 1979 gegründete Mungo-Nationalpark umfaßt im halbtrockenen Herz des südwestlichen Teils von Neusüdwales eine surrealistisch anmutende Dünenlandschaft und mehrere Trockentäler. Die Dünen um den östlichen Rand des ausgetrockneten Mungosees sind durch Wind und Regen zu bizarren Erscheinungen geformt worden – bekannt als die »Chinesische Mauer«. Der 417 km² große Park ist sehr flach und liegt zwischen 64 und 100 m über Meeresniveau.

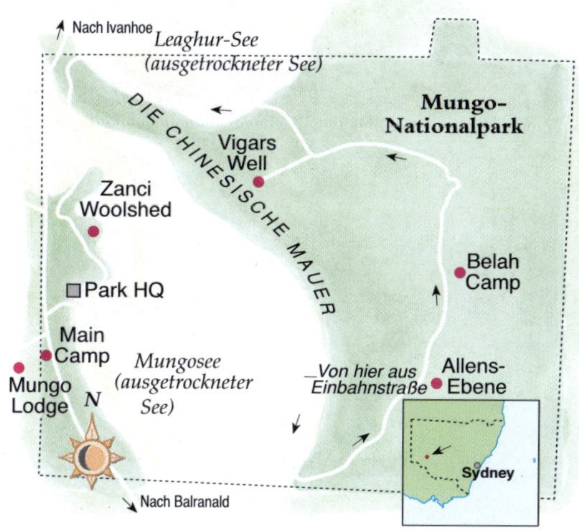


Vor etwa 15 000 Jahren war diese Gegend des riesigen Murray-Darling-Flußbekkens ein Teil der elliptisch angeordneten Kette der Willandraseen – ein seichtes, glitzerndes Paradies für die Tierwelt. In den 60er Jahren entdeckten Wissenschaftler bei der Untersuchung der fossilen Sand- und Tonablagerungen an den Seeufern Zeugnisse menschlicher Besiedlungen, die über 30 000 Jahre alt sind – und noch ältere prähistorische Tierfossilien. 1981 wurde mit der Aufnahme der Willandra-Seenregion in die Liste des Welterbes die globale Bedeutung der archäologischen und geomorphologischen Phänomene dieser Gegend anerkannt.

### *Eine Reise in die Vergangenheit*

Ein Besuch des Mungo-Nationalparks ist eine faszinierende Reise in die Vergangenheit – eine Rekonstruktion der im Sand eingebetteten Geschichte. Man stelle sich eine Szenerie vor 45 000 Jahren vor: Feucht-warmes Klima, die Sonne ist gerade hinter den im Osten liegenden, hohen Parabeldünen aufgegangen. Diese sind mit dunkelgrünen, konischen Callitris-Kiefern sowie einer Mischung aus Pittosporum, Fieberbäumen und Rosenholz bewachsen. Black-Box-Bäume reihen sich entlang dem Seeufer auf.

Unten, auf einer ausgetretenen Spur, trottet eine Familie ochsengroßer Diprotodonten zum Wasser ... ein Erzittern sich wiegender, grau-grüner Rosenhölzer lenkt die Aufmerksamkeit auf massige, stumpfsinnige Procoptodonten, riesige Känguruhs. Einige hasengroße Bettongs, kleine Makropoden, heben ihre Köpfe, während ein Tasmanischer Beutelwolf zum Fluß geht. Ein kratzendes Geräusch, dem eine Ladung Sand folgt, zeigt die Anwesenheit eines Haarnasenwombats, der seinen Bau für einen tagelangen Schlaf gestaltet (Fossilien dieser und anderer Tiere treten hier vielfach auf).

Über dem Wasser signalisiert jenseits der Rotschichten eine Kakophonie aus Schreien, Quaken, Kratzen und Flüstern die Anwesenheit eines Schwarms von Enten, Magpie-Gänsen, Bleßhühnern und grauer Australischer Kraniche. Auf einer schlammigen Bank frißt eine 4 m lange Echse einen Wallaby-Kadaver. Der Schlamm am Ufer verläuft als durchgehender Streifen von Fußabdrücken, die die Geschichte von Leben und Tod an diesem Ort erzählen.

### *Spuren der Menschheit*

Die Vorfahren der heutigen Landbesitzer, die Barandji, kamen vor etwa 30 000 Jahren in dieses Gebiet und plünderten diese unbegrenzte Quelle an Lebensmitteln. Be-

Gegenüber: *Sandhügel bilden den instabilen östlichen Rand der Parabeldüne, die den ausgetrockneten Mungosee begrenzt.*

Oben rechts: *Eine Wüstenmaulwurfsgrille rutscht über heiße Dünen.*

**Lage:** 120 km nach Balranald, 109 km nach Mildura am Murray, 88 km nach Pooncarie am Darling.

**Klima:** Heiße Sommer (meist um 40 °C) und kühle Winter. Regen höchstens im Winter, dann ist die Straße unpassierbar.

**Reisezeit:** April-Oktober, aber nicht bei Regen, wenn die Straßen unpassierbar werden. Am besten ist die Zeit in den kühleren Monaten Juli-September.

**Anreise:** Über Kies- und Lehmstraßen von Balranald, Mildura, Ivenhoe und Pooncarie. Die Straße von Pooncarie ist die nächste zu den asphaltierten Straßen. Touren durch den Park werden von Mildura am Murray aus angeboten.

**Genehmigungen:** Buchung für eine Übernachtung in den Schafscherer-Quartieren ist in der Parkverwaltung Buronga möglich; Eintritt ist frei.

**Ausrüstung:** Warme Winterkleidung, feste Schuhe, breitkrempiger Hut, leichte Sommerkleidung, Wasserflasche, Sonnenschutz, Erste-Hilfe-Kasten.

**Einrichtungen:** 67 km Straße, Parkaufsicht, Besucherinformationszentrum, historische Schafschererei und andere Gebäude, Grasland-Naturwanderungen mit Beschilderung für Wanderungen, Unterbringung in den Schafscherer-Quartieren und im nahegelegenen Mungo-Lodge-Hotel, unbeaufsichtigter Campingplatz.

**Tierbeobachtung:** Riesenkänguruhs, Eidechsen und Schlangen sind häufig. Große Mengen an Rosenkakadus, Corellas und anderen Papageien versammeln sich bei Sonnenauf- und -untergang in der Nähe der Grundwasserbehälter. Finken sind in Wassernähe häufig. Keilschwanzadler findet man im ganzen Park.

**Besucheraktivitäten:** Wandern, Autotouren, Tierbeobachtungen. Archäologische und geomorphologische Studien. Stätten der Aborigines.

Oben: *Der Cawndillasee im nahegelegenen Kinchega-Nationalpark entspricht dem Mungosee vor 14 000 Jahren.*
Unten: *Die Schläfrige oder Tannenzapfenechse,* Trachydosaurus rugosa, *ist eine der vielen Echsenarten im Nationalpark.*

liebte Speisen waren Muscheln; daneben wurden auch der über 30 kg schwere Murray-Dorsch und der Goldene Flußbarsch sowie Flußkrebse und Frösche verzehrt. Die Menschen hinterließen auch Überlieferungen zu ihrer Beziehung zu den Mungos. Heute verwalten die Barandji den Nationalpark, speziell die Gebiete der Aborigines.

## *Mungo heute*

Mittlerweile ist der Mungosee ausgetrocknet. Die aus dem Westen stammenden Grauen und Roten Riesenkänguruhs und Emus weiden zu Hunderten auf dem Gras des ausgetrockneten Sees, während große Schwärme rosaroter und grauer Rosenkakadus darüber hinwegfliegen. Tannenzapfen-, Glattechsen und viele andere Eidechsen sowie etwa zehn verschiedene Arten kleiner Geckos flitzen über das heiße, trockene Land. Vier der vielen Schlangenarten des Mungo-Nationalparks gelten als sehr gefährlich. Das größte Reptil, das man mit etwas Glück sieht – die bis zu 4 m lange Rautenpython –, ist aber harmlos.

In der Mittagszeit herrscht eine große Leere und Ruhe, wenn die Hitze der gnadenlosen Sonne die Tiere in den Untergrund oder in den Schatten treibt. Um Mitternacht erinnert der zeitlos glitzernde Südhimmel an die Vergänglichkeit. Das verrostete Eisen der verlassenen, von chinesischen Arbeitern vor über 130 Jahren aufgebauten Schuppen zum Scheren der Schafe knarrt im Wind.

In der Kälte der Dämmerung hinterläßt ein Auto auf dem Weg zu den Parabeldünen eine Staubwolke über dem See. Dort fügen Besucher die faszinierenden Puzzleteile früherer Zeiten zusammen oder fotografieren die beeindruckenden Formen der erodierten, kleinräumigen »Grand Canyons« und Lehmtürme. Das Besucherzentrum und heimische Archäologen helfen, die im Sand verborgene Geschichte zu erklären. Aber es ist die Einfachheit und Zeitlosigkeit der Landschaft im Mungo-Nationalpark, die die Phantasie anregt.

Oben: *Die erodierten Lehmbänke der »Chinesischen Mauer« enthalten viele Ablagerungen mit menschlichen und prähistorischen Fossilien.*

Links: *Der Butterbusch,* Pittosporum sp., *ist eine Dünenpflanze.*

Unten links: *Die hübsche Pigface wächst auf salzigem Boden.*

Unten: *Kleine Corellas,* Cacatua pastinator, *schwärmen am Wasser neben einer alten Windmühle – ein Relikt aus früheren Zeiten.*

# Myall-Seen-Nationalpark

## *Rauschende Surferstrände und glitzernde Seen*

Der Myall-Seen-Nationalpark wurde nach längeren Auseinandersetzungen um den Abbau von Mineralsanden im Jahre 1972 gegründet. Er schützt eine Fläche von 316 km² phantastischer Küsten. Der Park befindet sich 236 km nördlich von Sydney und 75 km nördlich von Newcastle. Die Myall-Seen bilden eine Kette von drei großen, glitzernden Küstenlagunen, die von Feuchtland begrenzt werden – Lebensraum für viele Wasservögel.

Hohe, sanft geformte Bergrücken, die mit Eukalyptuswäldern und subtropischen Regenwäldern bedeckt sind, verlaufen vom Westen her zu den Lagunen, während hohe, bewaldete Dünen im Osten eine Barriere zwischen den Lagunen und dem Ozean bilden. Lange Strände erstrecken sich vor den Dünen zwischen Yacaaba, Dark Point und Big Gibber sowie vor Treachery Head – der »überfluteten« Verlängerung der Bergrücken. Der Myall fließt langsam durch stille Sumpfgebiete, die mit Kohlpalmen und Sumpfeichen bewaldet sind. Er entwässert die Lagunenkette in den Port Stephens.

### *Seeleben*

Die Myall-Seen sind das größte Brack- bis Frischwassersystem an der Küste von Neusüdwales. Diese Lagunen bilden ein besonderes aquatisches Ökosystem, bei dem das dichtere Salzwasser eine Schicht unter dem Süßwasser bildet. Typische Meeresfische, wie der Sandflachkopf und der Whiting, leben auf dem salzhaltigen Boden, Güster sind in Süß- und Salzwasser lebensfähig, während sich Meerbarben nur im Süßwasser aufhalten. Der Broadwater- und der Boolambayte-See sind Salzwasserseen, der größte und am weitesten von Port Stephens entfernte See, der Myall-See, ist eher ein Süßwassersee.

Die Seen erhalten aber auch einen spezifischen Lebensraum, der von School- und Tiger-Garnelen benötigt wird. Innerhalb von etwa zehn Tagen nach dem Vollmond im Februar – der »Februar-Dunkelheit« – bewegen sich Massen von Garnelen von den Seen zum Meer.

Das Kanu ist das geeignetste Mittel, um die Seen zu erforschen. So kann der Besucher zwischen Pelikanen und Trauerschwänen treiben, ohne weiter zu stören. Die frühen Morgenstunden und die späten Nachmittage sind eine wunderbare Zeit, um zwischen breitblättrigen Paperbark-Ästen und knorrigen Baumstämmen zu gleiten, auf Bleß-, Sumpfhühner und Rohrdommeln zu stoßen oder sich plötzlich inmitten von panischen Whitings und Meerbarben wiederzufinden.

Man kann aber auch Hausboote in Bulahdelah am Myall-See mieten. Eine ruhiger Ankerplatz in einer abgelegenen Bucht bietet die beste Möglichkeit, Krickenten, Schwarze Enten und Trauerschwäne zu beobachten, während man nach Silberbrassen oder Güstern angelt.

### *Wandern im Park*

Der Park bietet genügend Raum für Strand- und Dünenwanderungen; Zugang besteht vom Mungo-Brush-Campinggelände, von der Big-Gibber-Straße (Allradantrieb

Gegenüber: *Paperbark-Bäume,* Melaleuca quinquenervia, *umrahmen den Broadwater-See, der brackigsten der Myall-Seen.*
Oben rechts: *Der Lachende Kookaburra,* Dacelo novaeguineae, *ist im südlichen Australien beheimatet.*

**Lage:** 16 km östlich von Bulahdelah, von Hawks Nest den Myall flußaufwärts.

**Klima:** Kühle, nasse Winter; warme bis heiße Sommer, feucht mit Gewittern; trockener, warmer Herbst.

**Reisezeit:** Das Klima ist am besten August bis April; Blumen sind am schönsten von Juli bis Dezember.

**Anreise:** Auf asphaltierten Straßen über Bulahdelah, Bungwahl und Tea Gardens; Allradantrieb über den Strand von Tea Gardens nach Big Gibber erforderlich; mit dem Boot über den Myall und Richtung Bulahdelah, Mungo Brush, Bombah Point, Bungwahl und Violet Hill.

**Genehmigungen:** Parkbenutzungs- und Campinggebühren sind bei den Parkaufsehern zu zahlen.

**Ausrüstung:** Sicherheitsausrüstung beim Bootfahren, Schwimm- und Angelausrüstung, leichte Bekleidung, Insektenschutz, Fernglas. Holz oder Gaskocher selbst mitbringen.

**Einrichtungen:** Camping von Mungo Brush bis Bombah Point. Wohnwagenstellplätze, Zeltplätze und Hütten gibt es in Myall Shores. Volle Unterbringung in Tea Gardens, Hawks Nest und Bulahdelah. Viele Picknickplätze am Ufer im ganzen Park. Mieten von Hausbooten in Bulahdelah, Bootsverleih in Tea Gardens.

**Tierbeobachtung:** Wasservögel können jederzeit leicht beobachtet werden; Honigesser schwärmen während der Blütezeit vom späten Juli bis Dezember durch den Park. Wallabies und Graue Riesenkänguruhs kann man auf grasbewachsenem Gelände sehen, das Beobachten von Dingos ist möglich. Im Scheinwerferlicht kann man Beutelratten und Kletterbeutler beobachten.

**Besucheraktivitäten:** Vogelbeobachtungen, Schnorcheln, Kanufahren, Wandern, Blumenstudien, Angeln.

Rechts: *Paperbark-Sümpfe liegen hinter den Sanddünen des Big-Gibber-Landrücken.*

erforderlich) und von Seal Rocks. Direkt hinter dem Dünengürtel erstrecken sich hohe offene Wälder mit Blaugummibäumen und großartigen Sydney-Eukalyptusbäumen über Grasbäumen, *Macrozamias* und zahlreichen Bodenorchideen, wie z. B. der großen Hyazintenorchidee, der Duck-Orchidee und der eigenartigen Behaarten Orchidee. Graue Riesenkänguruhs, Rothalsfilander und Sumpf-Wallabies sind zugegen, und um alte Baumstämme und Ameisenhaufen kann man Grabspuren von Ameisenigeln sehen. In diesen Wäldern lebt auch eine Dingo-Population.

Außer dem bei Mungo Brush in den Regenwald führenden Naturpfad bietet der Park wenige Wanderwege: Der Besucher kann sich frei im Buschland bewegen. Wanderungen durch das weite Heideland sind ein Erlebnis. Die Blütezeit dauert von Juli bis Oktober. Aromatische Boronias, Schottendorne, rosablühende Paperbark-Bäume, weiße, nektarreiche Teebäume, rosafarbene Kreuzblumen, Königskerzen, goldene Ruhmesblumen, Bergplatterbsen, purpurfarbene Schwertlilien, blaue *Caladenia*-Orchideen, erlesene Pinkie-Orchideen und schließlich die großen Weihnachtsglocken sind nur einige der Pflanzen der feuchten und trockenen Heide. Der beste Zugang zu der Heidelandschaft ist wahrscheinlich der nur mit Allradantrieb befahrbare Weg, der von Bombah Point zur Seal-Rocks-Straße führt.

Im Meer gibt es einige Inseln, die Teil des Parks sind, während andere ausschließlich Naturreservate darstellen. Die Cabbage-Tree-Insel, das Gould-Naturreservat, schützt das einzige bekannte Brutgebiet der Gould-Sturmvögel. Ihr hoher Gipfel, der Yacaaba Head, liegt in der Nähe von Hawks Nest und Port Stephens; er bietet eine der schönsten Meereslandschaften, die jemals entdeckt wurden.

Rechts: *Eilseeschwalben wie diese, die ihren Jungen einen Fisch bringt, können an den Stränden des Myall-Seen-Nationalparks beobachtet werden.*

Ganz rechts: *Sumpf-Känguruhs,* Wallabia Bicolor, *leben im dichten, feuchten Heide- und Buschland um die Myall-Seen.*

# Blue-Mountains-Nationalpark

## *Die Pracht des Sandsteins*

Der 1959 gegründete Blue-Mountains-Nationalpark umfaßt eine Fläche von 2470 km². Er ist einer von zehn halbmondförmig um Sydney angeordneten Nationalparks in einem von Sandstein geprägten Gebiet – Luft zum Atmen für eine Stadt mit über vier Millionen Einwohnern.

Die Systeme der Flüsse Grose und Coxs haben ein etwa 1000 m tiefes Labyrinth aus Tälern und Schluchten in das Plateau eingeschnitten. Die Hauptstraße und die Eisenbahnstrecke westlich von Sydney verlaufen entlang dem Plateau an der Grenze der beiden Einzugsgebiete. Der Great Western Highway durchzieht auf einer Länge von 60 km 18 Städte, die am Rande der Wildnis der Blue Mountains liegen. Er bietet Zugang zu vielen Buschlandwanderwegen und Parkstraßen. Die Aussichtspunkte entlang den Klippen bieten einen hervorragenden Blick über die »blauen« bewaldeten Täler, die von den glühend goldenen, steilen Sandsteinwänden von 200 bis 300 m Höhe begrenzt werden.

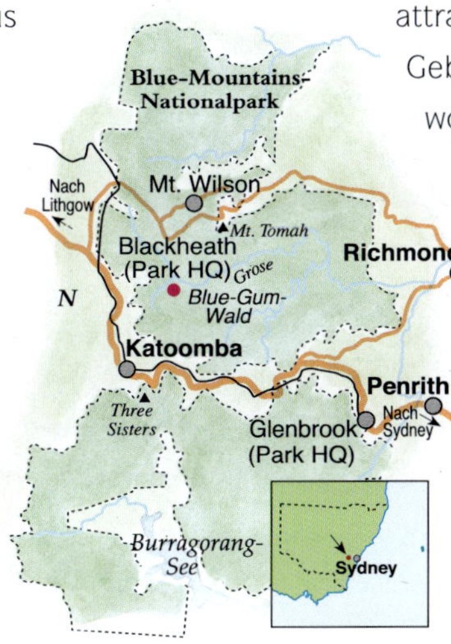


### *Wildblumen auf dem Sandstein*

Fast der gesamte nährstoffreiche Schiefer der Hochebene der Blue Mountains erodierte und hinterließ Sandstein mit wenig Phosphat. Der sandige Boden bietet einer Vielfalt von Heide- und Waldpflanzen Lebensraum; diese Gewächse haben sich nicht nur dem geringen Phosphatanteil sondern auch der Dürre angepaßt. Viele dieser Pflanzen haben entweder ledrige, wachsüberzogene Blätter, wie z. B. Scribbly Gum, Blutholzbaum und Waratah, oder sie besitzen spitze Blätter, so die einheimische Fuchsie, oder lange schmale Blätter, wie die Banksien und der Bergnatterkopf. Alle brennen bei einem Buschfeuer sehr schnell, aber nach zahlreichen Feuern haben sie sich einige Überlebensstrategien angeeignet, wie isolierte Knospen und Samen.

Für den Besucher ist das Blühen des Heidelandes und der Wälder für einige Monate im Jahr die attraktivste Erscheinung, vor allem in den Gebieten zwischen den Städten Wentworth Falls und Mount Victoria. Die grandiose Farbenpracht beginnt im Juli mit der cremefarbenen und goldenen Couleur des Schattendorns. Bald schon erscheinen purpurfarbene Punkte – die einheimische Fuchsie und der Bergnatterkopf. Im September stehen die Heide und die Krautschicht der Wälder mit rosafarbenem Sumpfheidekraut, zarten Boronias, purpurfarbenen *Hoveas*, verschiedenfarbigen Schwertlilien, erlesenen White Beards, zahlreichen Epakriden, gelbblühenden Geebungs und hellen Fuchsbohnen »in Flammen«. Das große Finale kommt im November, wenn die Waratahs, das Wahrzeichen von Neusüdwales, die Wälder zwischen Katoomba und Mount Victoria mit ihren großen, dichten, purpurfarbenen Blüten erleuchten.

### *Wilde blaue Täler*

Viele Besucher kommen wegen der schönen und leicht zugänglichen Aussichtspunkte in den Park. In den meisten anderen Parks fangen die Wanderwege am Fuße der Berge an, und schöne Ausblicke muß man sich durch eine mühsame Wanderung zum Gipfel erarbeiten. In den Blue Mountains beginnen die Wanderungen am Gipfel, oft schon an den Aussichtspunkten und für gewöhnlich nicht weit entfernt vom Great Western Highway.

Oben rechts: *Ein Jewel-Käfer läßt sich auf der Blüte eines stacheligen Bergnatterkopfs,* Lambertia formosa, *nieder.*

**Lage:** Auf der Hochebene zwischen der Great Dividing Range und Sydney; die östliche Grenze liegt 45 km westlich von Sydney, die westliche Grenze 101 km östlich von Bathurst.

**Klima:** Warme bis heiße Sommer mit Stürmen; kühle bis kalte Winter, feucht und neblig, gelegentlich leichter Schneefall; klare Tage das ganze Jahr über.

**Reisezeit:** Frühling, Sommer und Herbst für die höheren Berglagen; Frühling und Herbst für die tieferen Lagen.

**Anreise:** Mit Auto oder Bahn nach Glenbrook, Wentworth Falls, Katoomba, Medlow Bath, Blackheath oder Mount Victoria von Sydney aus; mit Fahrrad oder Auto zu den Wanderwegen; Busverbindungen in Katoomba.

**Genehmigungen:** In den Upper Blue Mountains nicht erforderlich. Eine Parkgebühr muß am Glenbrook-Parkeingang in den Lower Blue Mountains entrichtet werden.

**Ausrüstung:** Warme, regendichte Kleidung. Für Buschlandwanderungen festes Schuhwerk, Wanderführer und -karten mit großem Maßstab, Zündhölzer, Wasserflasche, Fernglas und starke Taschenlampe.

**Einrichtungen:** Katoomba und Blackheath haben ein sehr gutes Unterbringungsangebot, von Jugendherbergen bis zu teuren Hotels, Essen zum Mitnehmen und Restaurants; Katoomba bietet Supermärkte, Autovermietungen und Kanuverleih sowie Abenteuertouren (z. B. Canyoning und Abseilen).

**Tierbeobachtung:** Känguruhs und Wallabies können in den Morgenstunden in Euroka und im Blaugummibaumwald gesichtet werden; Papageien, Honigesser und Kletterbeutler sind im ganzen Park zu finden. Leierschwänze können in den Waldgebieten beobachtet werden.

**Besucheraktivitäten:** Wandern, Vogelbeobachtungen, botanische, geologische und geomorphologische Studien; Klettern, Canyoning.

Danach steigt man die Klippen und Rinnen hinab, den blauen Talböden entgegen.

Einige der bezauberndsten Ausblicke sind die über die breiten Täler von Jamieson und Grose von den steilen Felsabstürzen in Echo Point, Evans Lookout, Govetts Leap, Anvil Rock, Perrys Lookdown und Wentworth Falls. Neben den meisten Aussichtspunkten fallen lange, feine Wasserfäden von den überhängenden Sümpfen – Naßpflanzengesellschaften, die zahlreiche Überraschungen en miniature bieten, wie z. B. insektenfressender Sonnentau und massenhaft rosafarbene *Sprengelia*.

Unter der glitzernden Vegetation an den Wasserfällen befindet sich die sehr seltene, endemische Zwergkonifere *Microstrobos fitzgeraldii*. Unterhalb im feuchten Tal bilden Baumfarne, Coachwoods und Lillypilly-Bäume ein grünes Regenwaldbaumdach, in das sich auch hohe Exemplare des Blaugummibaums, der Peppermint-Gummibäume und Terpentin-Bäume drängen, die nach dem Himmel greifen. Es heißt, die verdunstenden Öle der Eukalyptusbäume und anderer hartlaubiger Pflanzen verleihen den Bergen ihr atmosphärisches Blau.

Oben: *Die berühmten Three Sisters, Echo Point, Katoomba.*

Links: *Trigger Plants sind nach der pollengefüllten Narbe benannt, das zerdrückt wird, wenn ein Insekt die Blüte berührt.*

## *Die Bergtierwelt*

Der Superb-Leierschwanz ist in den Wäldern des Parks sehr häufig anzutreffen. Seine Anwesenheit bemerkt man vor allem von Mai bis November, wenn das Männchen sein Weibchen in seinem gesamten Brut- und Freßrevier mit Gesang umwirbt. Sein Repertoire ist unbeschreiblich; er ahmt die Rufe der vielen Honigesser nach, die während der Blütezeit vorhanden sind, die von Würgerkrähen, Golden Whistlers, scharlachroten Rotkehlchen, Würgerdrosseln und vielen anderen Vögeln. Zudem imitiert er Geräusche z. B. von Kettensägen oder der Eisenbahn.

Viele Arten von Glattechsen, Geckos, Flugdrachen und Waranen sind in den Bergen verbreitet, während Schlangen wie die Rotbäuchige Schwarznatter (schwach

Ganz oben: *Der Eastern-Water-Flugdrache,* Physignathus lesueurii lesueurii, *lebt in strömungsreicheren Habitaten des Parks.* Oben: *Die prachtvolle Waratah, das Wahrzeichen von Neusüdwales, bringt Blüten mit einem Durchmesser von 12 cm hervor.* Rechts: *Der Wasserfall von Blackheath Glen ist einer der vielen in den Blue Mountains, die leicht zu erreichen sind.*

giftig), die Nachtbaumnatter und die Todesnatter (sehr giftig) kaum anzutreffen sind. Von April bis August halten fast alle Reptilien Winterschlaf. Viele Beuteltiere sind nachtaktiv und scheu, mit Ausnahme der Grauen Riesenkänguruhs, der Rothals- und der Sumpfwallabies. Ameisenigel findet man überall und zu jeder Zeit genauso wie Schnabeltiere, die in den kälteren und stärkeren Strömungen leben. Nachts kann man Buschschwanz- und Ringelschwanzbeutelratten sowie Waldkletterbeutler sehen.

## *Wanderwege in die Wildnis*

Geländeplaner haben schon im 19. und 20. Jahrhundert zu beiden Seiten des Great Western Highway ein Netzwerk an Picknickplätzen und Wanderwegen geschaffen; wichtige Stützpunkte sind Blackheath, Katoomba, Leura und Wentworth Falls. Mehr als 50 Wege wurden auf bemerkenswerten Routen konstruiert, manche von ihnen mit Treppen. Bedeutende Wanderwege um Blackheath führen zu Grand Canyon, Rodriguez Pass und Govetts Leap. Die Wanderungen zu Giant Stairway und Federal von Katoomba aus und zum National Pass und Overcliff in der Nähe der Wentworth Falls sind wunderschön. Es gibt Wildnispfade, zu denen sowohl die durch Upper Grose Valley und die Wollangambe Wilderness, als auch die in Richtung Coxs River, Mount Cloudmaker und Kanangra Walls gehören.

# Royal-Nationalpark

## *Australiens erster Nationalpark*

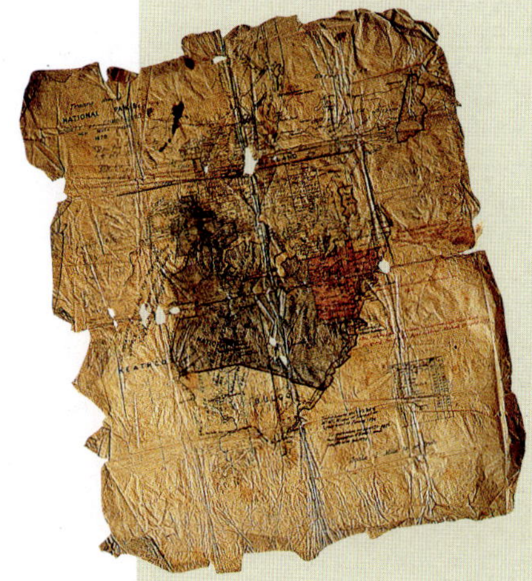

Der Begriff »Nationalpark« erschien offiziell weltweit zum ersten Mal, als man dieses Gebiet südlich von Sydney 1879 zu einem solchen erklärte. Er wurde von Sir John Robertson als »grüne Lunge« vor den Toren der rapide wachsenden Stadt ausgewiesen. Der Park hat seine Fläche mittlerweile mit 151 km² mehr als verdoppelt. 1954 erhielt er unter der Schutzherrschaft von Königin Elisabeth II. den Namen Royal-Nationalpark. Heute ist er eines von 10 Schutzgebieten, die Sydney halbmondförmig umgeben.

Der 32 km südlich des Zentrums von Sydney gelegene Nationalpark wird von den Vororten der Metropole umgeben. Seine ursprüngliche Landschaft wird von jährlich mehr als 4 Millionen Besuchern genossen. Ein Großteil des Parks wird von blumenreichen Heiden und bewaldeten Sandstein-Plateaus eingenommen; das Gelände erstreckt sich von der Küste bei Port Hacking im Norden bis etwa 500 m über Meeresniveau nahe Wollongong im Süden. Sandstein-Kliffs, Höhlen, Buchten und Strände bilden die markante östliche Grenze des Parks, während das Innere von wunderbaren Schluchten durchzogen wird.

### *Prächtige Wälder und ausgedehnte Moore*

Die Sandstein-Plateaus im Royal-Nationalpark haben flache, wenig fruchtbare Böden und sind somit geeigneter Standort für Niedrigwald mit Blauholzbäumen und gebleichten Eukalyptusbäumen, die über das Gelände zu tanzen scheinen. Eine grandiose Vielfalt blühender Heidesträucher, wie rote und rosafarbene Spinnenpflanzen, Akazien, Sydney Boronia und heideblättriger Banksia gedeiht im Waldland; ausgedehnte Moorlandschaften erstrecken sich bis zu den Kliffs.

Zur Blütezeit ist die Heidelandschaft von Honigessern erfüllt. Zu diesen Tieren gehören New-Holland-, Brown-headed-, White-cheeked-, White-eared-, Tawny-crowned- und Eastern-Dornschnabel.

Im Spätfrühling, etwa im Oktober zur Apfelblüte, wird der Besucher durch einen exotischen Geruch zu einer bezaubernden Rosenart geleitet. Im November leuchten in der Krautschicht der Wälder die karminroten Blüten von zwei der spektakulärsten Pflanzen des Parks – die Riesen-Lilie, deren Stengel sich bis 4 m hoch erhebt, und die Waratah, deren große, kompakte Blüte schon von weitem am Leuchten zu erkennen ist.

### *Das Herz des Parks*

Vom Zentrum des Parks hat sich der Hacking in nördlicher Richtung durch die hoch gelegenen Sandsteinschichten und die unterlagernden Schiefer, auf denen sich nährstoffreiche Böden entwickelt haben, eingegraben. Dieses fruchtbare, feuchte Milieu bringt einen warm-gemäßigten Regenwald hervor, durch den der Lady Carrington Drive verläuft. Er war eine der ersten Straßen des Parks und dient heute als Wanderweg. Hier hört der Besucher den Ruf von Superb-Leierschwänzen und entdeckt in den Farnen unter Fenchelholzbäumen und Roten Zedern Seidenlaubenvögel und Wonga-Tauben.

Gegenüber: *Vom Coast Track bieten sich wunderbare Ausblicke wie dieser über Garie Beach, Era und Burning Palms.*
Oben rechts: *Diese 1879 erstellte Landkarte des Nationalparks ist wahrscheinlich weltweit die erste ihrer Art.*

**Lage:** 32 km südlich von Sydney am Princes Highway, erstreckt sich von der Küste bei Port Hacking im Norden bis etwas nördlich von Wollongong im Süden.

**Klima:** Kühle, feuchte Winter; warme bis heiße Sommer mit Stürmen und Buschfeuern. Warmer und trockener Herbst, wechselhafter Frühling.

**Reisezeit:** Jederzeit. Die Blütenpracht am besten im Frühling; sie zieht viele honigessende Vögel an. Wanderungen am besten im Herbst und Winter, vor allem in den weniger schattigen Gebieten des Parks. Schwimmen und Schnorcheln im Sommer, wenn das Meer am wärmsten ist. Bei hoher Brandgefahr kann der Park geschlossen sein. Nach Bränden können einige Gebiete unzugänglich sein, damit sich die Vegetation regenerieren kann.

**Anreise:** Mit dem Zug nach Engadine, Heathcote oder Otford; mit der Fähre von Cronulla-Bahnhof über Port Hacking nach Bundeena; mit dem Auto oder Fahrrad über Audley, Waterfall, Stanwell Tops und Bundeena.

**Genehmigungen:** Gebühr für den Zugang mit dem Auto am Eingang; Camping-Erlaubnis und Reservierungen am Besucherzentrum in Audley.

**Ausrüstung:** Robuste Wanderschuhe, Camping- und Angelausrüstung, Tauch-, Schnorchel- und Schwimmausrüstung.

**Einrichtungen:** Fahrrad- und Bootsvermietung, Picknick, Besucherzentrum, geführte Wanderungen und Touren, Kiosk.

**Tierbeobachtung:** Wirbellose Meerestiere auf Felsen an den küstennahen Wegen; Kletterbeutler, Känguruhs und Hirsche (im frühen 20. Jahrhundert eingeführt) von Lady Carrington Drive, Cedar Flat Walk und Wallamurra Track aus; Honigesser vor allem im Frühling.

**Besucheraktivitäten:** Wandern, Zelten, Angeln, Tauchen, Schnorcheln.

Der Cedar Track bietet einen hervorragenden Einstieg in den Wald. Er schlängelt sich um die Stämme von Sydney-Blaugummibäumen, die das Kronendach des Regenwalds durchstoßen. Der Walumurra Track vom Lady Carrington Drive zum Sir Bertram Stevens Drive verläuft durch alle Vegetationstypen des Parks – vom Regenwald über offenes Waldland bis hin zu Scrubbly-Gum-Wäldern und Heidelandschaften an der Küste.

Ringelschwanzbeutelratten leben in den unteren Stockwerken des Regenwaldes, während hochwüchsige Eukalyptusbäume Lebensraum für Große Gleithörnchenflugbeutler und Großflugbeutler bieten. Hundskusus kommen im gesamten Park vor und können leicht bei Nacht beobachtet werden. Eine zu Beginn des 20. Jahrhunderts eingeführte Population Javanischer Hirsche erhält ihren Bestand auf den küstennahen Grasländern.

## *Spektakuläre Wanderungen*

Viele Parkbesucher fahren direkt zu den leicht zugänglichen Picknickplätzen in Garie Beach und Wattamolla. Eine der besten Möglichkeiten zur Erkundung des Parks ist jedoch eine Wanderung auf dem Coastal Track, der über 27 km von Bundeena bei Port Hacking im Norden bis zur Eisenbahnstation Otford im Süden verläuft.

In Anbetracht der direkten Nähe zu einer Metropole bietet das Gebiet eine überraschend gute Möglichkeit zur Naturerkundung. Burning Palms Beach, Marley Beach und Curracorang gehören zu den Punkten, die den Weg zum schönsten im gesamten Nationalpark machen. In der Nähe des Curracorang geben die Überreste von Lagerstätten der Aborigines Einblick in das Leben der früheren Bewohner dieser Gegend.

Andere Wanderungen, die durch spektakuläre Blütenpracht und malerisches Gelände führen, bieten z. B. der Uloola Track von Waterfall nach Audley, wo sich das Besucherzentrum befindet, der Karloo Track von Heathcote nach Audley, der Little Marley Trail und The Forest Path.

Gegenüber: *Der Coast Track bei Eagle Rock erschließt zwischen Wattamolla und Garie Beach markante Sandstein-Kliffs.*
Oben links: *Mehr als 700 Arten von Blütenpflanzen blühen im Curramoors-Heideland zwischen Juli und Oktober.*

Rechts: *Nachtaktive Kletterbeutler, wie dieser Großflugbeutler,* Petauroides volans, *kann man in den geschützten Wäldern und Forsten des Parks entdecken.*
Ganz rechts: *Ameisenigel leben in allen Teilen Australiens – von Wüsten bis zu Hochgebirgen.*

# Kosciuszko-Nationalpark

## *Die Snowy-Berge*

Der Kosciuszko-Nationalpark ist mit einer Fläche von 6471 km² das größte Schutzgebiet in Neusüdwales und eines der größten der Erde. Er erstreckt sich von 300 m über Meeresniveau am Unterlauf des Snowy bis zu einer maximalen Höhe von 2228 m im Mount Kosciuszko, Australiens höchstem Berg. Keine Region des Kontinents zeigt stärkeren alpinen Charakter als dieser Park.

Man sieht stark erodierte, gefaltete Bergketten mit bewaldeten Hängen und Tälern; die alpinen Wiesen bedecken die Hochlagen im Sommer mit einem Teppich blühender Pflanzen. Blockströme, von Frosthub geprägtes Gelände, Moorgebiete und Strukturböden sind Anzeichen für ehemals periglaziale Bedingungen. In den kältesten Zeiten wurden durch die Tätigkeit der Gletscher kleinflächig Kare und Trogtäler herausgearbeitet; heute sind noch fünf glaziale Seen und eine Reihe von Moränen erhalten.

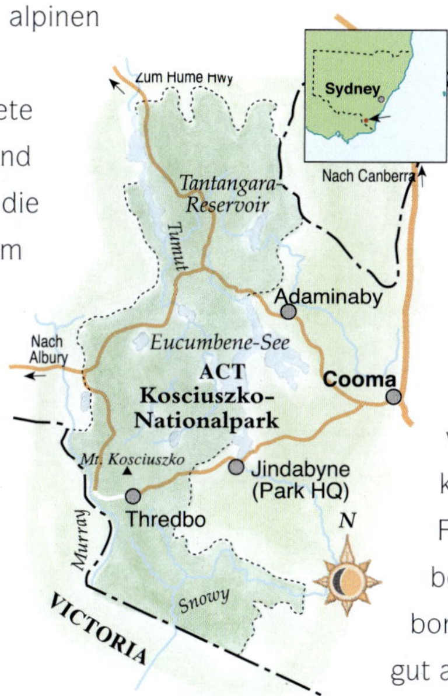


160 km nördlich der Grenze zu Victoria, die z. T. vom Murray gebildet wird, grenzt der Park in der Great Dividing Range in einem Abschnitt seiner nordöstlichen Grenze an den subalpinen Namadgi-Nationalpark im Australischen Hauptstadtterritorium. Der Kosciuszko-Nationalpark befindet sich 50 km nördlich von Canberra.

Der Park umfaßt auch die Einzugsgebiete der Flüsse Snowy, Murray und Murrumbidgee und ist eine wichtige Wintersportregion. Alljährlich suchen Tausende von Sportlern die Skigebiete auf; neben hervorragenden Loipen gibt es auch gut ausgebaute Abfahrtspisten. Dieses Erholungsgebiet wurde 1944 nach jahrzehntelanger, die Bodendecke zerstörender Viehwirtschaft als sog. Staatspark unter Schutz gestellt. 1967 wurde das Gelände zum Nationalpark erklärt, und die Weidewirtschaft 1972 endgültig eingestellt.

Gegenüber: *Herbstnebel umgibt Snow Gums bzw. White Sallys,* Eucalyptus pauciflora, *in der subalpinen Stufe des Parks.*
Oben rechts: *Alpiner oder weißgräulicher Sonnenstrahl,* Helipterium albicans.

### *Lebende Berglandschaft*

Subalpine und alpine Regionen nehmen in Australien verhältnismäßig kleine Flächen ein. Sie sind von vergleichbaren Gebieten so weit entfernt, daß Lebensweise, Entwicklungsgeschichte und Verhalten von Flora und Fauna im Kosciuszko-Nationalpark von weltweitem Interesse sind. Bemerkenswert sind vor allem die breitzähnige Felsenratte, der seltene Gebirgs-Zwergbeutler, außerdem der gefährdete Korrobori-Frosch, die schöne und dem Gebirge gut angepaßte Alpine Wasser-Glattechse, der einzigartige Seefisch *Galaxias findlayi* und die chamäleonartige flügellose Heuschrecke.

Die Pflanzenwelt im Nationalpark reicht von Beständen einer der größten Arten von Blütenpflanzen – der Bergesche – in den Tieflagen über die bis zur Baumgrenze gedeihenden Snow-Gum-Wälder bis zu alpinen Heiden und Matten, Sümpfen, Hochmooren, Grasflächen und – an den exponiertesten Stellen der Hochlagen – bis zur Schutt- und Felsspaltenvegetation.

Besonders schön sind im Sommer die von Butterblumen, Gänseblümchen, rosafarbenen *Euphrasia*-Gewächsen, tiefrosa Trigger Plants und goldenen Buttons bedeckten Wiesen. Den meisten der 185 Pflanzenarten in der alpinen Stufe steht zum Reifen nur die kurze sommerliche Vegetationszeit zur Verfügung. Die schönste dieser Blütenpflanzen ist mit Sicherheit die prachtvolle

**Lage:** Erstreckt sich 160 km nördlich der Grenze zu Victoria, 450 km südwestlich von Sydney und 70 km westlich von Cooma.

**Klima:** Kalte Winter mit vier Monaten Schnee; warme Sommer (Wirbelstürme im Hochsommer möglich); Frühling und Herbst wechselhaft.

**Reisezeit:** Skiurlaub von Juni bis Anfang Oktober; Wanderungen und Naturerlebnisse von November bis April; Angeln in Seen jederzeit.

**Anreise:** Auf dem Landweg von Albury/Khancoban, Tumut, Cooma/Jindabyne, Adaminaby, Tumbarumba; auf dem Luftweg nach Cooma, weiter mit dem Auto. Skigebiete auf dem Landweg von Jindabyne (Mount Blue Cow nur im Winter mit Bahn von Bullocks Flat oder Perisher Valley, Charlotte Pass von Perisher Valley zugänglich). Busse von Sydney und Canberra.

**Genehmigungen:** Tages- oder Jahreszeitengebühr für Betreten des Parks am Eingang oder in der Parkverwaltung in Jindabyne; Angelerlaubnis bei der Parkverwaltung.

**Ausrüstung:** Sturmfeste Skiausrüstung für Abfahrt und Langlauf, warme Campingausrüstung, Kleidung für jede Witterung, Karten mit großem Maßstab, Erste-Hilfe-Kasten. Fahrzeuge müssen in den Wintermonaten mit Schneeketten ausgestattet sein (Ausleihe möglich).

**Einrichtungen:** Schlepp- und Sessellifte, Picknickplätze an den Straßen, Besucherzentrum in Jindabyne. Unterkünfte im Park in Thredbo, Charlotte Pass, Perisher Valley, Smiggins Hole, Guthega, Sawpit Creek; außerhalb in Jindabyne, Berridale, Cooma, Adaminaby und Tumut.

**Tierbeobachtung:** Überall im Park. Känguruhs in Sawpit Creek, Schnabeltiere in Tumut, Eucumbene, Thredbo, Murrumbidgee, Indi und in Flüssen der Tieflagen der Snowy-Berge.

**Besucheraktivitäten:** Abfahrts- und Langlauf, Wanderungen, Angeln, Pflanzen- und Tierstudien, Vogelbeobachtung, Picknick.

Oben links: *Skilanglauf ist eine prächtige Art, die ausgedehnten winterlichen Snow-Gum-Wälder am Mount Kosciuszko zu erkunden.*

Links: *Der Sommer ist die ideale Wanderzeit im Park – ein Drahtgeflecht schützt die empfindliche Vegetation vor Trittschäden.*

Oben: *Der Blue-See ist einer der wenigen Karseen im Park – die nun wassergefüllten Kare wurden vor Millionen von Jahren von vorrückenden Gletschern herausgearbeitet.*

Anemonen-Butterblume; sie sprießt an den Rändern der Schneefelder und ist schon im Frühling voll entwickelt.

Trotz der biogeographischen Isolation der Region haben viele alpine Pflanzenarten im Kosciuszko-Nationalpark Verwandte in Hochgebirgen der Nordhalbkugel, so die violetten Blütenpflanzen der Gattung *Veronica*, rosafarbener Augentrost, gelbe Butterblume, blauer Günsel, Veilchen und Rispengras. Wahrscheinlich breiteten sich diese Pflanzen während der letzten 20 Millionen Jahre südwärts über Neuguinea nach Australien aus; in jener Zeit bewegte sich die Australische Platte näher an Asien.

## *Unterhalb der Baumgrenze*

Unterhalb von 1850 m herrschen Bäume vor. Niedrigwüchsige Snow-Gum-Bestände mischen sich mit größeren Candlebarks, Mountain und Ribbon Gums und bilden somit die feuchten Hartlaubwälder der Tieflagen. In

**Oben:** *Schneegänseblümchen,* Celmisia sp., *leuchtend gelbe Kletterkräuter,* Craspedia sp. *und purpurfarbener Augentrost,* Euphrasia glacialis, *gedeihen entlang den Wanderwegen im Kosciuszko-Nationalpark.*
**Oben rechts:** *Eine von Reif überzogene Pflanze glänzt im Frühsommer.*
**Unten rechts:** *Die nachtaktive Buschschwanzbeutelratte,* Trichosutus vulpecula, *lebt im Wald.*

den Hochlagen erscheinen die Bestände der mächtigen Bergeschen als braungrüne Flecken. Etwa 30 verschiedene Eukalyptusarten sind den einzelnen Lebensräumen zwischen der Baumgrenze und den tiefsten Bereichen des Parks angepaßt. Nur wenige Pflanzengattungen weltweit zeigen eine so hohe Anpassungsfähigkeit wie der Eukalyptus. So sind die vor 1800 nur in Australien und Neuguinea existierenden Eukalyptusbäume nun die am weitesten verbreiteten Bäume der Erde.

## *Tierwelt im Nationalpark*

Der Kosciuszko-Nationalpark ist Heimat vieler Beuteltiere, darunter auch des Gebirgs-Zwergbeutlers, dessen Lebensraum oberhalb von 1400 m liegt. Bevor man ein Exemplar 1966 in einer Berghütte entdeckte, hatte der Gebirgs-Zwergbeutler lange Zeit als ausgestorben gegolten. Ein weiteres seltenes Tier, die breitzähnige Felsenratte, lebt in den von Heidevegetation und Hochmoor bedeckten Bereichen der subalpinen Stufe. Graue Riesenkänguruhs, Bennettwallabies, Sumpf-Känguruhs und Wombats tauchen vor allem in der Morgendämmerung zur Nahrungssuche oft auf Camping- und Picknickplätzen auf. Die nachtaktiven Kletterbeutler sind dagegen nur sehr schwer zu beobachten. Das verbreitete, aber scheue Schnabeltier kann in den größeren Becken der Flüsse und Ströme beobachtet werden.

**Links:** *Der rosafarben leuchtende Snowy erhält sein Wasser von den Hängen der Kosciuszko-Hauptkette.*

**Unten links:** *Der Nacktnasenwombat,* Vombatus ursinus, *lebt in Erdlöchern in der subalpinen Stufe unter Schnee. Zur Nahrungssuche schiebt er wie ein kleiner Bulldozer den Schnee beiseite.*

Im Spätfrühling gelangen Millionen von Bogong-Nachtfaltern aus dem nördlichen Neusüdwales und aus Queensland hierher, um sich in den Hochlagen des Nationalparks zwischen Felsblöcken zu versammeln. Früher legten Aborigines große Entfernungen zurück, um diese nahrhaften, fettreichen Insekten zum Verzehr zu fangen.

## *Ein Park für alle Jahreszeiten*

Der Sommer ist die beste Jahreszeit, um sich den Park zu erschließen; dies geschieht über Wanderungen zwischen Thredbo und dem Kosciuszko, zwischen Charlotte Pass und Blue-See sowie über die Hauptgebirgskette und die gut ausgebauten Straßen.

Im Winter ist Skilanglauf eine gute Möglichkeit, den Park zu erkunden. Routen von Kiandra oder Jagungal nach Perisher und The Chalet sowie von Thredbo Village zum Kosciuszko und im Süden nach Victoria bieten viele Hundert Kilometer schöner Loipen. Skigebiete in Thredbo, Charlotte Pass und Perisher-Blue, Smiggins Hole, Blue Cow und Guthega bieten zahlreiche Abfahrtspisten.

Rechts: *Point Hicks ist nahe an dem Punkt, den James Cook zuerst sah, als er nach Australien kam, nachdem er von Neuseeland Richtung Westen gesegelt war.*
Unten: *Die Powerful-Eulen sind die größten aller australischen Eulen – diese hier ist noch nicht ausgewachsen. Ihre Population im Croajingolong-Nationalpark ist konstant hoch.*

cher Rinde die Wasserwege säumen. Prachtvolle Rough Barked Angophoras, »Old-Man«-Banksien und Bloodwood-Eukalyptus wachsen auf der hinteren Dünenlandschaft, wo auch die Campingplätze liegen. Unterhalb der Bäume gedeihen auf warmem, sandigem Boden Heidepflanzen wie Grasstrees, duftende Pink Boronia und Golden Glory Peas zusammen mit vielen anderen Gewächsen. Der Holzsteg, der um die Wingan-Bucht führt, ist einer der besten Plätze des Parks, um diesen Lebensraum zu erleben.

An den exponierten, seewärtigen Hängen beginnen die »Rasen«. Heidepflanzen tauchen aus den Wäldern auf und bilden knie- bis hüfthohe Massen bunter Frühlingsblumen. Einige bonsaiartige Banksien, Hakeas, Akazien und eukalyptusartige Blutholzbäume wachsen im Dickicht, in der das Graue Riesenkänguruh und die sonderbare Rautenpython Schutz finden. Dieses lieblich-duftende Heideland, das sich bis in das Nadgee-Naturreservat und in den Ben-Boyd-Nationalpark in Neusüdwales erstreckt, ist ein Mekka für Honigesser und das letzte große Refugium der vom Aussterben bedrohten Erdsittiche.

## *Strände und Lagunen*

Vor etwa 14 000 Jahren, als das Meer die Küste überflutete, waren die einheimischen Aborigines gezwungen,

# VICTORIA

Victoria nimmt die südöstliche Ecke des Kontinents ein und ist von Australiens sieben Staaten und Territorien der südlichste. Mit 227 600 km$^2$ bzw. 3% der Landfläche Australiens ist Victoria etwa so groß wie Großbritannien. Die stark gegliederte, ewa 1800 km lange Küste erstreckt sich in einem Bogen vom Kap Howe zur Grenze zu Südaustralien; sie ist von weiten Stränden, Lagunen, Buchten, felsigen Landspitzen sowie atemberaubenden Klippen und den Felssäulen des Port-Campbell-Nationalparks geprägt.

Die Great Dividing Range reicht im Nordosten vom Bundesstaat Neusüdwales herüber; sie folgt dem Bogen der Küste von Victoria und endet im Westen im halbtrockenen Fieberbaum-Buschland im Einzugsgebiet des Murray. Ein Großteil der nördlichen Grenze verläuft entlang dem gewaltigen Murray westlich der Australischen Alpen. Die Leelage nördlich der Great Dividing Range ist die Ursache für den trockenen Charakter des Nordwestens, im Süden und Osten hingegen sind die Niederschläge in den Bergen hoch. Der spektakuläre Alpine-Nationalpark ist Victorias größter Park; er breitet sich weit in diese hohen Bergregionen aus. Hier stehen Snow-Gum-Wälder, Eschenwälder und das Grasland der alpinen und subalpinen Landschaft des Staates unter Schutz. Im Westen, am Ende der Great Dividing Range, lockt der Grampians-Nationalpark jedes Jahr Tausende von Menschen in seine wilde, bewaldete Landschaft; zahlreiche Blütenpflanzen verleihen dem Mount Bogong (1986 m) in den Alpen Victorias erst seine volle Farbenpracht. Dieser Ausläufer der Bergregion ist die höchste Erhebung im Staat Victoria.

Die weite Port-Philip-Bucht mit der Hauptstadt Melbourne erstreckt sich entlang der Südküste. Im Südosten der Bucht sammeln sich die Besucher, um die Landschaften und das Leben in der Wildnis des Wilson-Promontory-Nationalparks zu erleben. Er befindet sich am südlichsten Punkt des australischen Festlands. Im Osten Victorias liegen die hohen, feuchten und offenen Wälder der weiten Gippsland-Ebene hinter den massiven Sandbänken und Lagunen des Ninety-Mile-Strandes und seinem Hinterland. Noch weiter im Osten wurde der Croajingolong-Nationalpark, der sich bei Kap Howe bis zur Grenze zu Neusüdwales erstreckt, mit seinem üppig blühenden Küstenheidekraut zum Biosphärenreservat erklärt.

# Alpine-Nationalpark

## *Eine Spur am Horizont*

Im Jahr 1989 wurden mehrere Plateaus, Bergrücken, abgelegene Bergmassive und Hochebenen der Great Dividing Range zum Alpine-Nationalpark zusammengefaßt. Mit einer Ausdehnung von über 200 km und einer Landfläche von insgesamt 6731 km² grenzt der Park an den Kosciuszko-Nationalpark in Neusüdwales. Zusammen mit dem Namadgi-Nationalpark im Australischen Hauptstadtterritorium stehen darin 14 260 km² unter Schutz – praktisch die gesamte alpine und subalpine Landschaft des australischen Festlandes.

Die Australischen Alpen – ein Teil davon liegt nur 220 km nordöstlich von Melbourne, der Hauptstadt des Staates Victoria – umfassen den größten Teil von Victorias Nationalparks. Das ausgedehnte Hochland schützt miteinander konkurrierende Pflanzengesellschaften und alpine Matten genauso wie weite Gebiete hügeligen Graslandes und Hunderte Quadratkilometer von Snow-Gum-Beständen, deren gekrümmte weiße Stämme zu gewaltigen bewaldeten Niederungen und Schluchten abfallen. Hier bilden die rauschenden Bäche zusammen mit den schrillen Rufen der Leierschwänze und Berg-Currawongs eine mächtige Geräuschkulisse. Bei Sonnenauf- und -untergang setzen sich die Bergketten in einem mit zunehmender Entfernung verblassenden Blau am Horizont ab.

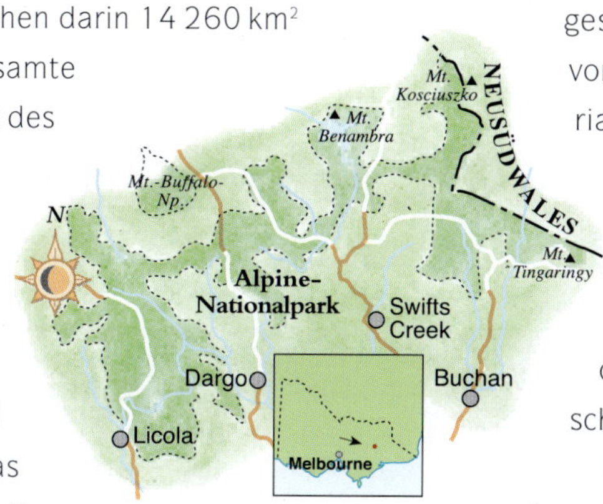


### *Prachtvolle Landschaften*

Die wundervolle und abwechslungsreiche Landschaft dieses Parks ist das Ergebnis der Entstehungsgeschichte des Gebiets. Vor Millionen von Jahren entstanden die Alpen Victorias im Zuge einer gewaltigen Auffaltbewegung; dabei zerbrach das Land in eine ganze Reihe von Verwerfungen. Aus den Tiefen der Erde traten Lavaströme aus, die sich in einigen Teilen der Landschaft weit ausdehnten.

Einige dieser tiefen Risse und Verwerfungen wurden abgetragen und bildeten das ausgedehnte Mosaik des Alpine-Nationalparks. Die Flußtäler von Kiewa und Macalister sind heute mit großen Wäldern bedeckt, die von Grasland unterbrochen sind. Die flachen Gipfel von Mount Jim und Mount Loch sowie die fruchtbaren Ebenen von Wellington – das »Parkland« – sind die basaltischen Überreste von ehemaligen Lavaergüssen.

Im Norden stiegen mächtige Granitblasen auf, um Mount Buffalo und Mount Begong entstehen zu lassen – beides sind heute beliebte Skigebiete. Aborigines, die weit entfernt von diesen Bergen lebten, veranstalteten seinerzeit Pilgerfahrten zu den Begong-Hochebenen, um dort ein Festmahl zu begehen, bei dem nahrhafte, geröstete Begong-Nachtfalter verspeist wurden.

An einer anderen Stelle im Park findet man anstehendes Schiefer- und Sedimentgestein, das aufgefaltet und in schmale Bergrücken zerteilt wurde; dazu gehören der Mount Feathertop (sehr schön, wenn er verschneit ist), The Viking (seine aufsteigenden Falten erin-

Gegenüber: *Mount Buffalo am Rande der Alpen von Victoria bietet eine schöne Sicht über den Süden des Nationalparks.*
Oben rechts: *Winternässe umgibt die rötliche Rinde dieses verschlungenen Snow Gum,* Eucalyptus pauciflora.
Vorangegangene Seiten:
70: *Eingang zu Wingan Inlet und dem Zentrum des Croajingolong-Nationalparks.*
71: *Der aus seinen Lebensräumen verdrängte Koala überlebt in Australiens Nationalparks und anderen Schutzgebieten.*

**Lage:** In den östlichen 200 km des Anteils von Victoria an der Great Dividing Range und in den periphären alpinen und subalpinen Bereichen des Kosciuszko-Nationalparks.

**Klima:** Extrem; 4–6 Monate Schneedecke in den Hochlagen, weniger Schnee und viel Frost in den übrigen Gebieten. In den kurzen Sommern von Dezember bis März können Temperaturen bis zu 35 °C erreicht werden. Das Wetter ist wechselhaft. Äußerste Vorsicht ist in Übergangsjahreszeiten geboten.

**Reisezeit:** Wintersport: Juni bis September; Blumenblüte: Oktober bis Januar; Autotouren: November bis April; Wanderungen: November bis Mai.

**Anreise:** Mit dem Auto 3–5 Stunden Fahrt von Melbourne; Hauptzugangsstraßen über Orneo, Bright, Mansfield, Dargo und Licola. Auf dem Luftweg zum Dinner-Plain-Flughafen; Straßen für Allradantrieb im Winter vom 1. Juni bis 31.Oktober geschlossen.

**Genehmigungen:** Keine.

**Ausrüstung:** Im Winter Schneeketten, Wander- und Campingausrüstung, feste Schuhe, warme und Regenkleidung, Skiausrüstung, Erste-Hilfe-Kasten, Sonnenschutz LF 30+, Hut, Angelausrüstung, Gaskocher und Kartuschen, Fernglas, Landkarten mit großem Maßstab.

**Einrichtungen:** Informationszentrum in Bright, Mt. Beauty, Bairnsdale, Mansfield und Orneo; Skipisten auf Mt. Hotham, Falls Creek, Dinner Plain, Mt. Buffer, Mt. Buffalo. Straßen für Allradantrieb und Picknickplätze. Campinggelände, Zimmer in den Städten.

**Tierbeobachtung:** Helmkakadus, Wanderfalken, Graue Riesenkänguruhs, Wombats, Sumpfkänguruhs, Ameisenigel, Schnabeltiere, Buschschwanzbeutelratten, Flugbeutler und Leierschwänze in den Wäldern.

**Besucheraktivitäten:** Wandern, Autotouren, Naturstudien, Angeln, Kanufahren.

Oben: *Der männliche Superb-Leierschwanz,* Menura novaehollandiae, *ist ein ausgezeichneter Imitator – er singt und tanzt für sein Weibchen, wobei er seine sagenhaften Schwanzfedern ausbreitet.*

nern an den Bug eines Wikingerschiffes), The Razor und die Bergrücken um Mount Hotham und The Bluff.

## *Snowgrass-Höhepunkte*

Eine beachtliche Mischung an Pflanzengemeinschaften bedeckt die Gipfel um den Mount Hotham, Falls Creek oder den Mount Howitt – alle Gebiete sind über das dichte Straßennetz des Parks mit dem Auto oder auf Wanderwegen leicht zu erreichen. Auf den höchsten Ebenen durchmischt sich die Snowgrass-Decke mit Kräuterfeldern, die reich an Frühlings- und Frühsommerblumen sind. Darunter finden sich viele Gänseblümchenarten.

Die hohen, ausgedehnten Täler zeigen mehr Buschbewuchs, obwohl viele Gebiete auch von Rindern beweidet werden. Überreste von Sümpfen und Torfmoose sind in den nassen Zentren der Täler zu finden, während hoch oben felsige Hügelketten mit vielen Felsblöcken dem scheuen Gebirgs-Zwergbeutler Lebensraum bieten. Obwohl diese Beutelratte schon als seit mehreren tausend Jahren ausgestorben galt, hat man sie kürzlich in einer Berghütte wieder entdeckt.

## *Unterhalb der Baumgrenze*

Genau unter der Baumgrenze werden die Snow-Gums- und Black-Sally-Waldgebiete von Kräuterfeldern, mit Buschland bedeckten Talböden und Frostlöchern unterbrochen. Die Äste der Wet Black Sally glänzen im Sonnenlicht wie polierte Bronze, während die Snow Gums (White Sallys) von der Natur schön gestreift und geformt wurden. Der Boden wird von Snowgrass beherrscht.

Unterhalb der Snow Gums werden die Bäume höher, bis schließlich Mountain Gums Platz für die größten Bergwälder machen, die von hohen Alpen-Eschen dominiert werden. Die sanften Stämme dieser prachtvollen Bäume erheben sich bis zu einer Höhe von 60 m und mehr. In einer Höhe von 1100 m wird dieser Waldtyp plötzlich durch Eukalyptus-Mischwald ersetzt.

Rechts: *Der Blick bei Sonnenaufgang vom Aussichtspunkt The Horn über die Alpen Victorias hebt die hintereinanderliegenden Ketten der bewaldeten Berge des Alpine-Nationalparks hervor.*

# Croajingolong-Nationalpark

## *Küste der Wildnis*

Der Croajingolong-Nationalpark wurde 1979 gegründet. Das Gebiet unterscheidet sich heute nur wenig von der Gegend, die James Cook sah, als er 1770 östlich von Neuseeland segelte. Damals wie heute liegt das Gelände »ziemlich tief und ist nicht sehr hügelig, die Umgebung des Landes ist grün und bewaldet, aber die Küstenlinie besteht aus weißem Sand«. Niedrige, hügelige und schiefrige Bergketten erheben sich von der sandigen Küste im Inland zum Howe Hill (391 m) und zum Genoa Peak (489 m) – die höchsten Punkte des Parks. Diese Granitintrusionen sind die festländischen Pendants zu den der Küste vorgelagerten Inseln Gabo und The Skerries.

Cook bemerkte auch die Anwesenheit von »Rasen« – weit ausgedehntem Küstenheideland mit dahinterliegenden, dichten Wäldern, nicht aber die großen, ruhigen Lagunen, die sich hinter den Barrieren der Stranddünen verbergen.

Heute nimmt der Park eine Fläche von 875 km² ein und erstreckt sich über 95 km entlang der Westküste Victorias, von der Grenze zu Neusüdwales bis zum Sydenham Inlet. Das Seensystem, das Mallacoota Inlet bildet, ist der einzige Ort im Croajingolong-Nationalpark, der mit der Zivilisation in Berührung kommt. Hier stehen über 1000 Pflanzen- und 300 Vogelarten unter Schutz, so daß das Gebiet 1977 in die erste Gruppe der Australischen Biosphärenreservate aufgenommen wurde.

### *»Grün und bewaldet«*

Cooks grüne und bewaldete Hügelketten sind mit großen, trockenen Hartlaubwäldern aus Küsteneschen sowie Yellow- und White-Stringybark-Eukalyptusbäumen bedeckt. In den unteren Stockwerken gedeihen Akazien, Geebungs, Kunzea, Pink Heath, Gräser und aromatische Gänseblümchensträucher – hier ist der Lebensraum des Grauen Forester-Riesenkänguruhs.

Die Fahrt in die Wingan-Meeresbucht verläuft auf für den langgestreckten Park typischen Straßen. Wenn man den Princes Highway verläßt, führt die Straße an den Küstenhängen hinab in eine Welt von feuchten Schluchten, in der die Farne immer mehr zunehmen und die Eukalyptusbäume immer üppiger werden. Hier wird die Krautschicht wild und üppig, mit spitzen Becher- und King-Farnen, Ranken dorniger Lawyer-Kletterpflanzen, Saw-Seggen, Weeping-Teebäumen, Rosenholzbäumen und Pittosporum. In diesen feuchten Wäldern erklingen die klaren Rufe der Leierschwänze und die stetigen Laute der Bell Birds.

Ringelschwanzbeutelratten, scheue Sumpfkänguruhs und Wombats sind typische Bewohner dieser Wälder. Nachts sind Große Gleithörnchenbeutler, Großflugbeutler und Sugar-Flugbeutler Beute der Powerful-Eule.

Die meisten wildlebenden Tiere in Australien sind nachtaktiv und scheu. Die beste Zeit, Buschland-Säugetiere zu beobachten, ist entweder sehr früh am Morgen oder in den späten Nachmittagsstunden. Am leichtesten ist es, wenn man in der Wildnis oder entlang den Küstenpfaden campiert.

### *Sumpf- und Heideland*

Ein Mosaik aus Sumpflandschaften, die von Saw-Seggen dominiert werden, breitet sich in den Vertiefungen nahe dem Meer und um die Mündungen und Küsten aus, wo Teebäume und Paperbarks mit ihren Schichten aus wei-

Oben rechts: *Die Einheimische Fuchsie,* Correa reflexa, *ist im Croajingolong-Nationalpark zu finden.*

**Lage:** An der Ostküste zwischen Kap Howe und dem Fluß Bemm; 450 km östlich von Melbourne.

**Klima:** Warme Sommer, kalte Winter mit einigen Regentagen. Frostgefahr im Inland.

**Reisezeit:** Jederzeit. Beste Zeit, um Blumen zu sehen: August–November; zum Kanufahren: August–April.

**Anreise:** Auf der asphaltierten Straße vom Hwy. 1 nach Mallacoota, dann weiter auf der Piste in den Park. Einige nichtasphaltierte Straßen (bei schlechtem Wetter nicht passierbar) führen vom Hwy. 1 zu den verschiedenen Küstenregionen des Parks. Auf dem Luftweg von Mallacoota oder Merimbula zur Insel Gabo. Landesteg auf der Insel.

**Genehmigungen:** Campingerlaubnis bei der Parkverwaltung in Cann River. Reservierungen für die Unterbringung in den Leuchttürmen auf der Insel Gabo und in Point Hicks erforderlich.

**Ausrüstung:** Campingausrüstung, Wasserflasche, warme Kleidung, regenfeste Windjacke, Wanderschuhe, Stoffschuhe, Schwimmausrüstung, Hut, Regenmantel, Insektenschutz gegen Moskitos und Zecken, Erste-Hilfe-Kasten, Sonnenschutz LF 30+, Fernglas, starke Taschenlampe.

**Einrichtungen:** Campingplätze, Küstenwanderwege, Picknickgelände, Wasserversorgung, Naturwanderungen. Besucherinformationszentren in Cann River und Mallacoota, Unterbringung in Leuchttürmen in Point Hicks und auf der Insel Gabo.

**Tierbeobachtung:** Die meisten Säugetiere sind überall zu beobachten, nachts Beobachtung kleiner Säugetiere, Kletterbeutler und Beutelratten mit Scheinwerferlicht. Honigesser: August-November; Leierschwänze: Juni–September; Millionensturmtaucher: Mitte Oktober und April; Seebären und Seelöwen entlang den Felsenriffen an der Küste.

**Besucheraktivitäten:** Wildblumenstudien, Schwimmen, Wandern, Kanufahren, Segeln, Angeln, Meereskajak.

**Rechts:** *Point Hicks ist nahe an dem Punkt, den James Cook zuerst sah, als er nach Australien kam, nachdem er von Neuseeland Richtung Westen gesegelt war.*
**Unten:** *Die Powerful-Eulen sind die größten aller australischen Eulen – diese hier ist noch nicht ausgewachsen. Ihre Population im Croajingolong-Nationalpark ist konstant hoch.*

cher Rinde die Wasserwege säumen. Prachtvolle Rough Barked Angophoras, »Old-Man«-Banksien und Bloodwood-Eukalyptus wachsen auf der hinteren Dünenlandschaft, wo auch die Campingplätze liegen. Unterhalb der Bäume gedeihen auf warmem, sandigem Boden Heidepflanzen wie Grasstrees, duftende Pink Boronia und Golden Glory Peas zusammen mit vielen anderen Gewächsen. Der Holzsteg, der um die Wingan-Bucht führt, ist einer der besten Plätze des Parks, um diesen Lebensraum zu erleben.

An den exponierten, seewärtigen Hängen beginnen die »Rasen«. Heidepflanzen tauchen aus den Wäldern auf und bilden knie- bis hüfthohe Massen bunter Frühlingsblumen. Einige bonsaiartige Banksien, Hakeas, Akazien und eukalyptusartige Blutholzbäume wachsen im Dickicht, in der das Graue Riesenkänguruh und die sonderbare Rautenpython Schutz finden. Dieses lieblich-duftende Heideland, das sich bis in das Nadgee-Naturreservat und in den Ben-Boyd-Nationalpark in Neusüdwales erstreckt, ist ein Mekka für Honigesser und das letzte große Refugium der vom Aussterben bedrohten Erdsittiche.

## *Strände und Lagunen*

Vor etwa 14 000 Jahren, als das Meer die Küste überflutete, waren die einheimischen Aborigines gezwungen,

Oben: *Der blumenübersäte Crimson Bottlebrush,* Callistemon sp., *ist ein Nektarproduzent, der an den Rändern der Küstengebiete des Croajingolong-Naturparks wächst.*
Links: *Die Thurra-Sumpfgebiete und die offenen Gewässer sind für Trauerschwäne und andere Wasservögel geeignete Lebensräume.*

ihre Wohnstätten an der Küste zu verlassen. Über viele Generationen hinweg siedelten die Familien im Inland, bis sich der Meeresspiegel vor etwa 6000 Jahren stabilisierte. Die Sandverwehungen an den Buchtmündungen schnitten viele Meeresarme von der offenen See ab; dabei entstanden die Lagunen des heutigen Nationalparks. Diese stillen Gewässer sind wichtige Brutplätze für Meeräschen, Brassen, Seehechte und Barsche.

Überlieferte Geschichten und Lieder, die über Generationen von Bidawal- und Krauetungulung-Aborigines weitergegeben wurden, erzählen von dem großen Rückzug. Diese Aborigines litten enorm unter den ersten Kontakten mit den Europäern.

## *Millionensturmtaucher bei Sonnenaufgang*

Etwa Mitte Oktober kann man überall entlang der Küste Augenzeuge eines bemerkenswerten Phänomens werden. Bei Sonnenaufgang, wenn das Licht langsam erstrahlt, bewegt sich zwei Tage lang eine grau gefleckte Masse in Richtung Süden, knapp über der schimmernden Meeresoberfläche. Millionen von Sturmtauchern sind auf ihrem Weg zu den Brutgebieten in der Bass-Straße fast am Ende ihres langen Fluges angelangt; sie fliegen direkt über den Meereswogen, angetrieben von einem mysteriösen Zyklus, der vorschreibt, zwischen dem 19. und dem 21. November ihre Eier zu legen.

# WILSONS-PROMONTORY-NATIONALPARK

## *Der südlichste Punkt Australiens*

Nur 200 km südöstlich von Melbourne, Victorias Hauptstadt, entfernt, befindet sich der Wilsons-Promontory-Nationalpark (der »Prom«), ein beliebtes Wochenend- und Tagesausflugsziel. Sandige Buchten und Höhlen übersäen die felsige Küstenlinie, und über eine Länge von 40 km erstrecken sich hohe Granitfelsen, die einen spektakulären Hintergrund zur Küstenlandschaft bilden. Hohe Eukalyptuswälder, Salzmarschen und Heideland herrschen im Inland vor, und gut gekennzeichnete Wanderwege erlauben einfache Erkundungen um das Campinggelände von Tidal River. Im Norden wird der Prom wilder; es gibt keine Einrichtungen, und frisches Wasser ist nur begrenzt vorhanden – ein abgelegenes, schönes Gebiet für geübte Buschlandwanderer.

Vor etwa 12 000 Jahren markierte dieser südlichste Punkt von Australien den Anfang einer Landbrücke, die Tasmanien mit dem Festland verband. Die kleine Insel, die zurückblieb, als der Meeresspiegel anstieg und die Landbrücke überschwemmte, wurde allmählich durch eine enge Landzunge aus Sand wieder mit dem Festland verbunden. 1798 sah George Bass als erster Europäer diese Landspitze, und genau 100 Jahre später wurde das Gebiet zu Victorias zweitem Nationalpark erklärt.

Heute nimmt der Park eine Fläche von 503 km² ein; er umfaßt die gesamte Halbinsel südlich von Forster an der sandigen Yanakle-Landenge, die Wilsons Promontory mit dem Festland bei der Corner-Bucht verbindet. Zehn kleine felsige Inseln vor der Küste gehören ebenso zum Park wie eine Anzahl angrenzender Meeres-Schutzgebiete, die eine Gesamtfläche von 280 km² umfassen und 1986 zum Parkgebiet erklärt wurden. 1982 wurde Wilsons Promontory wegen der Vielfalt der Ökosysteme als Biosphärenreservat ausgewiesen. Zur selben Zeit wurden 505 km² des Feuchtlandes bei der Corner-Bucht in der RAMSAR-Konvention zum »Feuchtgebiet von internationaler Bedeutung« erklärt.

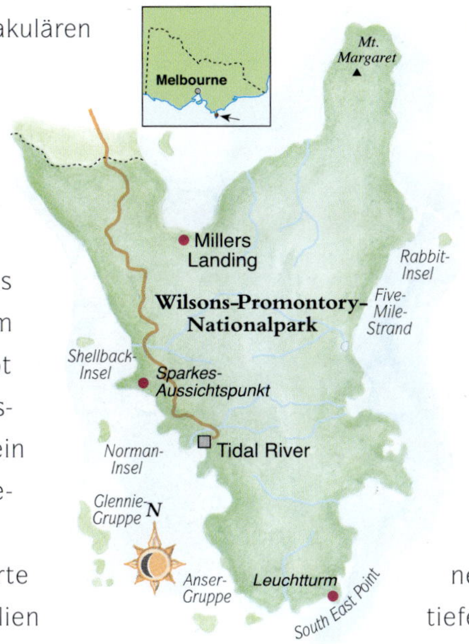


### *Vom Sumpfland zum Wald*

Über Tausende von Jahren wurde die breite, von der Yanakle-Landenge geschaffene Bucht langsam mit Sedimenten und mit vom Wind eingetragenem Sand angefüllt. Heute nehmen in den weiten, sandigen Untiefen Seegras und Mangrovenwälder überhand. Vom Meer landeinwärts vermischt sich fleischigblättriger Meerfenchel nahe der Küstenlinie mit feuchtem Heideland, das den Banksien und Teebaumbüschen weicht, die schließlich zur Dünenvegetation überleiten – alles wichtige Lebensräume der Vögel. Zugwatvögel, wie der Regenbrachvogel, die Bekassine, der Mongolische Sandregenpfeifer, der Tattler, der Strandläufer und die Uferschnepfe, überwintern in den Flachbereichen, während viele Honigesser in die blühende Heidelandschaft ausschwärmen.

Ein Großteil der Flora und Fauna im Park entspricht der in Tasmanien – eine Folge der frühen Landbrücke. Hinweise liefern die in den hohen, nach Süden gerichteten und geschützten Schluchten wachsenden cremigweißen Baumstämme der Bergeschen, Fieberbäume und Blaugummibäume, die sich über den Baumfarnen

Gegenüber: *Die Nachmittagssonne taucht die Norman-Bucht an der Westküste des Parks in goldenes Licht.*

Oben rechts: *Der azurblaue Eisvogel,* Alcedo azurea, *kann vereinzelt an den Bergseen des Parks beobachtet werden.*

**Lage:** Der südlichste Punkt von Australiens Festland liegt 200 km südöstlich von Melbourne.

**Klima:** Die durchschnittlichen Höchsttemperaturen liegen bei 12 °C im Winter und bei 21 °C im Sommer. Durschschnittlich 19 Regentage im Juli, 9 im Januar; mittlere Jahresniederschläge liegen bei 1050 mm. Häufig starke, aus Westen kommende Winde.

**Reisezeit:** Das Klima ist am angenehmsten von September bis April. Der Park ist gut besucht im September, im Dezember und im Januar. Wildblumen blühen von August bis Oktober.

**Anreise:** Auf der Straße von Melbourne nach Foster und Tidal River über den Süd-Gippsland-Highway oder den Princes Highway.

**Genehmigungen:** Einlaß- und Campingerlaubnis bei der Parkverwaltung und und am Eingang erhältlich. Buchungen für Unterbringung erforderlich.

**Ausrüstung:** Campingausrüstung, Hut, Sonnenschutz, Insektenschutz, Regenausrüstung, warme Kleidung und Windjacke, feste, wasserdichte Wanderschuhe, Schwimm- und Schnorchelausrüstung, Fernglas.

**Einrichtungen:** Campinggelände mit allen Einrichtungen in Tidal River, Rucksack-Campingplätze an 11 Stationen, Besucherinformationszentrum in Tidal River, Parkaufsicht, über 100 km Wanderwege durch den Park. Unterbringung in Blockhütten, Hütten, Lodges und Leuchttürmen im Park möglich; alle erfordern frühzeitige Buchung.

**Tierbeobachtung:** Relativ zahme Sittiche und Wallabies. Zugwatvögel von Oktober bis April, andere Wasservögel, darunter auch viele Schwäne, kann man in der Corner-Bucht sehen.

**Besucheraktivitäten:** Picknick, Schwimmen, Schnorcheln, Meeres- und Küstenstudien, Vogelbeobachtung, Pflanzenstudien, Wandern.

Oben: *Orangefarbene Flechten bedecken die Felsen am Ende des Five Mile Beach.*

und dem Dickicht aus Myrtle Beech, Lilly Pilly und Palisander erheben. Insgesamt gibt es im Mosaik der Lebensgemeinschaften im Park etwa 750 Pflanzenarten.

Leierschwänze, Gelbe Rotkehlchen und Wonga-Tauben gehören ebenfalls zu den Vögeln, die in den Bergregionen beobachtet werden können. Tatsächlich gibt es hier 180 Vogelarten, angefangen bei den Kleinen Pinguinen bis zu den Weißbauch-Seeadlern. Mehr als ein Drittel aller Vogelarten, die in Victoria gefunden werden, leben in diesem Park. Sumpfkänguruhs und Ringelschwanzbeutelratten kann man ebenfalls in den feuchten Schluchten hören oder sehen. Sogar den seltenen Koalabär kann man manchmal beobachten.

Links: *Mit ein wenig Glück sieht man einen der Koalas,* Phascolarctos cinereus, *auf einem Blaugummibaum.*

## *Robbenfänger auf der Anklagebank*

Die trockeneren Waldgebiete und Heidelandschaften an den niedrigen Hängen und Hügeln des Parks sind stellenweise mit grauen, flechtenüberzogenen Granitfelsen durchsetzt. Vereinzelt findet man Erinnerungen an die Vergangenheit – einen rostigen Ring, ein Kettenstück, einen alten Reifen. George Bass erzählt in seinem Tagebuch von Seebären, die auf den Inseln und Küstenstreifen der Meerenge lebten, und wie sich schon bald Robben- und Walfänger in dieses Gebiet aufmachten.

Auch einige Namen erinnern an das Leben in dieser Zeit auf dem Kap. Die geschützt liegende Sealers Cove ist zwischen die Osthänge und den höchsten Berg des Kaps, Mount Latrobe (754 m), hineingezwängt. Die kleine Bucht hat einen wunderbaren Strand; sie liegt auf der Route von einer der populärsten Nachtwanderun-

gen im Park – dem Wanderweg The Sealers Cove-Refuge Cove-Waterloo Bay.

Der Weg erstreckt sich 36 km über den südlichen Bereich bis zum Ende des Parks. Tin Mine Cove ist eine weitere Erinnerung an die Vergangenheit von Wilsons Promontory, als Bergbau, Holzwirtschaft und Viehzucht in dieser Gegend noch Bedeutung hatten.

Während des 2. Weltkriegs war Tidal River ein Standort für militärische Ausbildung und jahrelang die Heimat vieler Leuchtturmwärter. Die weit außerhalb am Rande der glattgerundeten Granitfelsen bei South East Cape liegenden Leuchttürme und die dazugehörigen, 1859 erbauten Wohneinheiten werden als Unterbringungen im Park genutzt.

## Aktiv im Park

Es gibt mehr als 100 km Wanderwege im Park, die von kurzen, selbstgeführten Naturlehrpfaden bis hin zu Nachtwanderungen, wie der zum South Point, Australiens südlichstem Punkt, reichen. Die Wanderungen variieren im Schwierigkeitsgrad, die meisten sind jedoch recht leicht zu bewältigen. Man beginnt entweder an den Verwaltungsgebäuden des Parks in Tidal River oder am Parkplatz in Miller Landing. Mit einer Küstenlinie von 130 km eröffnet der Park auch hinreichende Möglichkeiten für Wassersport. Man sollte jedoch stets darauf gefaßt sein, daß sich das Wetter hier sehr schnell radikal ändern kann.

**Umseitige Abbildung:** *Lilly Pilly Gully, mit Resten von gemäßigtem Regenwald, ist Lebensraum für viele Beuteltiere.*

**Oben:** *Weißer Sand und Granitfelsen umsäumen die Mündung am Südende des Five Mile Beach.*

**Unten:** *Graue Riesenkängurus weiden auf altem Farmland innerhalb des Parks.*

# Port-Campbell-Nationalpark

## *Die spektakuläre »Schiffbruch-Küste«*

Der Port-Campbell-Nationalpark erstreckt sich in einem 43 km schmalen Band entlang der Südküste Victorias von Peterborough, 53 km östlich von Warrnambool, nach Princetown. 1965 zum Nationalpark erklärt, umfaßt der Park einen Großteil der sogenannten »Schiffbruch-Küste« mit Dutzenden von Wracks, die unterhalb der Klippen verstreut im Wasser liegen. Auch wenn der Park mit 17,5 km² klein ist, so schützt er doch einen der prachtvollsten Küstenstreifen Australiens. Senkrecht stehende Kalkklippen, die ockerfarben und hellgelb glänzen, wurden von den tosenden Wellen der Südsee zu den berühmten Felssäulen im Meer sowie zu spektakulären Schluchten, Auswurflöchern und Stränden geformt.

### *Skulpturen des Meeres*

Die Port-Campbell-Küste ist sehr jung. Ihre Bänke aus Kalkstein bestehen aus einer Mischung aus körnigem Kalziumkarbonat und massenhaft Schalen und Skeletten mariner Organismen, die vor 20 Millionen Jahren in einem warmen Flachwassermeer abgelagert wurden. Als der Meeresspiegel anstieg und die Bass-Straße entstand, fing die vorherrschend westliche Meeresströmung an, den weichen Kalkstein an der Strandlinie auszuhöhlen. Auf diese Weise entstanden große Rinnen, die sich nordöstlich ins Inland zogen. Am Oberlauf der vielen Rinnen haben sich in dem weicheren Gestein Tunnels gebildet, und der hohe, explosive Druck der Luft, die durch den starken Wellengang eingeschlossen war, hat sehr beeindruckende Auswurflöcher von bis zu 40 m Durchmesser in die Oberfläche gesprengt.

Gegenüber: *Die Wellen des südlichen Indischen Ozeans, die an den weichen Kalkstein donnern, schufen Victorias bemerkenswerte »Schiffbruch-Küste«.*

Oben rechts: *Der Kleine oder Fairy Pinguin,* Eudyptula minor, *nistet in Tunnels an der Südküste von Australien.*

### *Brücken und Felssäulen*

Schließlich kollabiert die Höhlen- oder Tunneldecke, und die Schlucht breitet sich weiter in das Inland aus. Viele dieser mächtigen, parallel zueinander verlaufenden Rinnen fügen sich zusammen, während die Trennwände unterhöhlt werden – zuerst bilden sich Brükken, und nach deren Zusammenbruch wird ein Stück Land isoliert. Dies geschah etwa 1990, als ein Teil der »London Bridge« mit einer einzigen Erschütterung zur Insel wurde. Die dort verbliebenen Touristen konnten unverletzt von den Landvorsprüngen geborgen werden. Diese Inseln werden wiederum unterspült, und eine Mischung aus Meeresgischt, Wind und Regen formt sie zu aufgetürmten Felssäulen im Meer, wie z. B. die Zwölf Apostel. Wie die Apostel, von denen noch acht übrig sind, werden alle Felssäulen vergehen; sie werden vom Meer zerbrökkelt, um als Sandkörner an den nahegelegenen Stränden zu landen. Das Kalkgestein erstreckt sich weit ins Inland, weshalb sich neue Rinnen, Tunnels, Brücken, Inseln und Säulen in den nächsten Jahrtausenden bilden werden.

### *Die* Loch-Ard-*Katastrophe*

Niemand weiß, warum der Klipper *Loch Ard* während eines Winterunwetters 1878 so nahe an der Küste segelte. Als das Schiff an einer tiefen Öffnung an den Klippen auf Grund lief, die seitdem Loch-Ard-Schlucht genannt wird, wurde es Teil der tragischen Geschichte der »Shipwreck Coast«. Der Matrose Tom Pearce über-

**Lage:** 250 km südwestlich von Melbourne, erstreckt sich in einem Streifen entlang der Küste westlich von Kap Otway zwischen Princetown und Peterborough.

**Klima:** Winter sind kalt, windig und naß; Sommer sind warm mit einigen heißen Tagen. Das Gebiet unterliegt im Frühling und Sommer einem schnellen Wetterwechsel.

**Reisezeit:** Am besten im Frühling, Sommer und Herbst. Im Frühling Wildblumenbeobachtung. Ozeaneindrücke bei Winterstürmen.

**Anreise:** Mit dem Auto auf der Great Ocean Road, in 3–4 Stunden von Melbourne oder in 45 Minuten von Warrnambol.

**Genehmigungen:** Keine, Campen im Park nicht gestattet ist.

**Ausrüstung:** Warme Kleidung, regenfeste Jacke, bequeme Schuhe, Fernglas zur näheren Beobachtung der Felssäulen und der Vögel, Sonnenschutz.

**Einrichtungen:** Günstig angelegte Parkplätze auf den Klippen, Klippenholzstege, Treppen zu den Stränden. Wanderungen auf eigene Faust. Besucherinformationszentrum, Unterbringungen und Campingplätze in Port Campbell.

**Tierbeobachtung:** Honigesser können im Frühling in der blühenden Heidelandschaft hinter den Klippen beobachtet werden. Zahlreiche Seevögel, davon viele Zugvögel aus der nördlichen Hemisphäre, können beim Nisten und Ausruhen auf den Klippen und Felssäulen von September bis April beobachtet werden.

**Besucheraktivitäten:** Malerische Fahrten, Wanderungen, Vogelbeobachtungen, Schwimmen, Surfen, Schnorcheln an windstillen Tagen.

**Oben:** *Die London Bridge war früher ein mit dem Festland verbundener Doppelbogen.*
**Rechts:** *Besucher blicken von einer Beobachtungs-Plattform an der Straße zu den Zwölf Aposteln.*
**Gegenüber:** *Die »Zwölf Apostel«, Kalkstein-Felssäulen, die wegen der starken Erosion immer weniger werden.*

lebte, indem er sich an einer Rettungsleine festhielt und dann zum Strand am Beginn der Schlucht schwamm. Er fand Alkohol und Essen, das von Bord gespült war, und kochte sich gerade eine Mahlzeit, als er Schreie hörte. Er sah Eva Carmichael, die sich am Wrack festklammerte, schwamm hinaus, hielt sie zwischen seinen Zähnen an den Kleidern fest, schleppte sie an den Strand und konnte sie wiederbeleben, indem er ihren Körper mit Brandy abspülte. Dann stieg er die Klippen hinauf, um Hilfe bei den Farmern zu holen. Heute kann man das historische »Glenample« besichtigen und die steilen Stufen der Schlucht zum pittoresken Strand hinabsteigen, an dem Eva Carmichael gerettet wurde.

Folgen Sie von der Loch-Ard-Schlucht ausgehende dem historischen Schiffbruch-Weg – zu jedem Wrack bietet eine Informationstafel Erklärungen – nach Peterborough. Halten Sie auf diesem Weg in Port Campbell, wo sich das Loch-Ard-Schiffbruch-Museum befindet.

## *Eine reiche Naturgeschichte*

Die meisten Besucher kommen nach Port Campbell, um die Erhabenheit der Küste zu erleben – die Felssäulen, die im goldenen Dunst der gewaltigen Wellen bei Sonnenuntergang glänzen, ein Tagesanbruch in Masefield, die hellen Farben und das bebende Meer an einem schönen Tag. Im Frühling bedecken leuchtende Blütenpflanzen die Küstenheidelandschaft und erzeugen ein Meer von Farben. Mit den Blumen kommen die Honigesser. Von September bis April kommen Tausende von Sturmtauchern, die über das Wasser fliegen, um abends zu den Felssäulen und Inseln zurückzukehren. Auch Kleine (Fairy) Pinguine kann man regelmäßig sehen oder hören.

# Grampians-Nationalpark

## *Die noblen Gebirge*

Der Grampians-Nationalpark, auch unter dem Aborigine-Namen »Gariwerd« bekannt, erstreckt sich am Ende der Great Dividing Range, am Western Highway, 258 km von Melbourne entfernt. Dieser im Jahr 1984 gegründete Nationalpark umschließt eine Fläche von 1672 km². Die von Wasserfällen und Seen geprägte wilde Landschaft liegt inmitten eines landwirtschaftlich genutzten Gebiets.

Drei große, parallel zueinander verlaufende Bergketten aus Sandstein, die sich über 95 km in Nord-Süd- und über 55 km in Ost-West-Richtung erstrecken, erheben sich abrupt aus der flachen Umgebung. Der östliche Bereich ist nach dem Mount William benannt; er ist mit 1167 m der höchste Gipfel. Die Bergketten Serra Range und Mount Difficult Range im zentralen Teil werden durch die Flüsse Fyans und Wannon vom Mount-William-Gebirge und durch den Glenelg von der hinteren Victoria-Kette getrennt.

### *Ein gebirgiges Reservoir*

In dem 1872 zum Staatswald erklärten Gebiet wurden Waldwirtschaft, Steinbrucharbeiten und Mineralienabbau betrieben; seine wichtigste Bedeutung liegt jedoch in dem immensen Wasserreservoir zur Versorgung der Bewohner des westlichen Victoria. In dem Park stehen die Einzugsgebiete von 12 Wasserreservoirs und Seen unter Schutz; die wichtigsten Gewässer in den Bergen erhalten zwischen 750 und 1000 mm Niederschlag im Jahr.

Die hohen Niederschläge haben erstaunliche Gesteinsformationen herausgearbeitet, wie z. B. Whales Mouth, Nerve Test, Fallen Giant, Jaws of Death und Wonderland – ein Nachruf aus einer Zeit, als ein Besuch der »Grampians« noch ein Abenteuer war. Heute bietet der Park 50 Buschlandwanderungen entlang gekennzeichneter Wege und viele Kilometer asphaltierte Straße oder Piste.

### *Unzählige Wildblumen*

Aus Sandstein aufgebaute Gebirge haben wegen der Vielzahl kleiner Lebensräume im allgemeinen eine reiche Flora, und die Grampians sind hier keine Ausnahme. Über 100 Arten, ein Drittel von Victorias Flora, konnten innerhalb dieser vielfältigen Pflanzengemeinschaft des Nationalparks identifiziert werden. Hohe, kalte Bereiche liefern eine verkümmerte Wald- und Heidelandschaft, während Klippenterrassen und Felsnischen Inseln aus individuellen Pflanzenmischungen entstehen lassen. Waldbedeckte Hänge und aufgeforstete, farnbewachsene Schluchten und Talböden bieten sich für eine nähere Erkundung an. Feuchtere Lebensräume weisen ausgedehnte Sumpfgebiete auf. In Gebieten mit ständiger Wasserführung gibt es Bäche, Wasserfälle und stille Teiche.

Von August bis Dezember blüht eine Fülle von Pflanzen. Zuerst erscheint das Gold des Schottendorns, das mit dem fantastischen Purpur und Grün der Falschen Aralie und dem kräftigen Pink des Gemeinen Heidekrauts

Gegenüber: *Diese Sandstein-»Balkone« in der Serra Range der Grampians werden auch »Klauen des Todes« genannt.*
Oben rechts: *Wanderfalken,* Falco peregrinus*, nisten auf den Klippen der Grampians und jagen kleinere Vögel.*

**Lage:** Am westlichen Ende der Great Dividing Range, 258 km westlich von Melbourne, Victorias Hauptstadt, und 504 km östlich von Adelaide.

**Klima:** Dezember bis März heiß und trocken, Mai bis September kühl bis kalt mit vielen Regentagen und Frost.

**Reisezeit:** Am besten im Herbst und Frühling, aber auch ein kühler Sommer ist geeignet. Wildblumenbeobachtung am besten August bis Dezember; im September findet ein Wildblumen-Festival statt.

**Anreise:** Auf sehr guten Straßen zu den Parkverwaltungsgebäuden in Halls Gap von Stawell, Horsham und Hamilton. Die Parkstraßen sind asphaltiert oder gute Schotterstraßen. Auf dem Luftweg über Horsham und Hamilton (beide Städte haben einen Handelsflughafen). In beiden Städten gibt es auch Autovermietungen.

**Genehmigungungen:** Campingerlaubnis bei der Hauptverwaltung in Halls Gap und im Besucherzentrum erhältlich.

**Ausrüstung:** Regen- und warme Bekleidung im Tagesrucksack, Wanderschuhe, Auto-Camping-Ausrüstung, Hut, Fernglas, Sonnenschutz.

**Einrichtungen:** Parkaufsicht, Besucherinformationszentrum und Laden in Halls Gap, Aborigine-Kulturzentrum und Laden (Brambuk-Kulturzentrum) in Halls Gap, zahlreiche Picknickplätze, Campingplätze, Hotels, Läden in Halls Gap, 165 km Wanderwege, Aussichtspunkte, gutes Kartenmaterial und Parkführer erhältlich, Informationstafeln.

**Tierbeobachtung:** Vögel sind allgegenwärtig. Die im Park lebenden Grauen Riesenkänguruhs, Emus und Papageien sind sehr freundlich. Die Parkbesucher haben vielleicht das Glück, ein Schnabeltier in den Bächen des Parks zu entdecken.

**Besucheraktivitäten:** Fahrten durch eine grandiose Landschaft, Wandern, Naturstudien, Wildblumenstudien, Kanufahren, Schwimmen, Bootfahren, Felsklettern.

Oben: *Mount Aprubt – ein klassisches Sandstein-Schichtstufen-Tafelland – ist eine typische Erhebung der Grampians.*

Oben: *Ein Blick auf die Blüte einer Enten-Orchidee,* Caleana major*; ihr Name bedarf keiner Erklärung.*

(dem Staatsemblem) und der Grampians-Heide durchmischt ist. Kleine pelzige Whitebeards vermischen sich mit roten Fuchsien und Seideneichen. Duftende und kletternde Sundews und die exquisite blaue Viola blühen an feuchten Plätzen. Bald erglühen im Frühling und Sommer die Berge in den unglaublichsten Farben, und der Nektar der Pflanzen zieht zahlreiche Insekten und Vögel an.

## Hinterlistige Orchideen

Unterhalb der Farne sprießen aus dem reichlich feuchten Waldboden – oder sogar aus dem geschützten Boden des trockenen Heidelands – zwischen den Moosteppichen die herrlichsten und »listigsten« Pflanzen; sie zeigen sich in unregelmäßigen Abständen. Die meisten der über 80 Orchideenarten blühen auch bei Veränderungen der Umwelt – seien es Temperaturschwankungen oder Veränderungen im Nährstoffgehalt. Das Wachstum mancher wird sogar durch die Rauchgasentwicklung eines Buschfeuers oder die aus der Asche freiwerdenden Chemikalien zum Wachsen stimuliert.

Nach der Blüte stellen einige Orchideen die Bestäubung durch ihre brillianten Farben sicher, andere haben markierte Wege in ihr Inneres entwickelt. Die Moskito-Orchideen stellen kleine Insektenlandebahnen zur Verfügung, während die Musky Caladenia Insektensexualstoffe nachbildet, die das Insekt zur Bestäubung veranlassen. Die Enten-Orchidee sperrt Pollendiebe aus, wenn ihr »liebster« Bestäuber nicht dabei ist.

## Ein Ort der Zuflucht

Die verschiedenartigen Lebensräume der Grampians sind ein Zufluchtsort für Land- und Wasserbewohner sowie für Vögel. Das Gelände ist eine Oase im Zentrum eines riesigen Gebiets im westlichen Victoria, das für die Schaf- und Rinderzucht und für den Weizenanbau abgeholzt wurde. Der Park beherbergt 31 Arten einheimischer Säugetiere, über 200 Vogelarten, 31 Reptilien-, 11 Amphibien- und 7 Fischarten sowie viele Wirbellose.

Große Bürsten-Felskänguruhs, die in Victoria als ausgestorben galten, wurden jetzt in mehreren kleinen Kolonien auf den Klippenterrassen der Grampians wiederentdeckt. Die Heide-Ratte ist ein weiterer spezieller Fall – ein freundlicher, einheimischer Nager, der nur in den Grampians und in kleinen Kolonien im Südwesten von Victoria gefunden wird. Das Tier benötigt als Futter viele Heidepflanzen, die sich innerhalb eines Zeitraums von

**Oben:** *Die Form des Daches des Brambuk-Aborigine-Kulturzentrums in Halls Gap spiegelt die Wölbungen einer Schutzbehausung der Aborigines wider.*
**Oben links:** *Die Grauen Riesenkänguruhs,* Macropus giganteus, *leben in den Randbezirken des Grampians-Nationalparks.*
**Links:** *Lachende Kookaburras,* Dacelo novaeguineae, *sind Fleischfresser, die sich zuweilen an den Campingplätzen herumtreiben, um gefüttert zu werden.*

sechs bis neun Jahren nach einem Buschfeuer entwickeln – Bedürfnisse, die ein gutes Parkmanagement verlangen.

## *Die ersten Menschen*

Seit 1836, als der Landvermesser General Thomas Mitchell diese Berge nach dem Schottischen Hochland »The Grampians« benannte, nimmt man an, daß bis zu 4000 Aborigines dieses Gebiet bewohnten.

Der Überfluß an Nahrung erklärt vielleicht die vielen schönen Beispiele der Felsenkunstwerke und Höhlenmalereien im Park. Führungen können beim Brambuk-Aboriginal-Kulturzentrum in Halls Gap organisiert werden.

# TASMANIEN

Tasmanien, der »Inselstaat«, ist der kleinste der acht Staaten und Territorien Australiens und umfaßt nur 0,9% der Landesfläche. Zur Gesamtfläche von 68 049 km² gehören neben der schildförmigen Hauptinsel, die der südöstlichen Landspitze des australischen Festlands vorgelagert ist, auch einige kleinere Inseln. Die Küstenlinie von Tasmanien ist 3200 km lang und wird von Fjorden, ausgedehnten Buchten, herrlichen Stränden und einigen der schönsten Meeresklippen in Australien geprägt.

Wie auf dem australischen Festland befinden sich die größten Städte des Staates an der Küste. Im Gegensatz zum Festland verfügt Tasmanien über ausreichend Wasser, da Niederschläge zu allen Jahreszeiten fallen. Die Hauptinsel erstreckt sich über eine geographische Breite von 40°38' S bis 43° 39' S und ist den regenbringenden Roaring Forties des Südpolarmeeres ausgesetzt. Sie bringen der Westküste und den Hochländern Jahresniederschläge von mehr als 3000 mm. Der Osten wird von zerklüfteten Bergen vor den Stürmen der Roaring Forties geschützt.

Fast die Hälfte von Tasmanien – das zentrale Hochland und der entlegene Südwesten inbegriffen – wird von mit Heidekraut bedeckten, hohen Gebirgen dominiert. Viele der Gipfel erheben sich über seichte Gebirgsteiche und pittoreske Seen, die von mittlerweile längst verschwundenen Gletschern geschaffen wurden. Höchste Erhebung ist der Mount Ossa mit 1617 m. Weite Gebiete aus Moor, Torf, Sumpf und Heideland, die für mehrere Wochen im Jahr schneebedeckt sind, vermischen sich mit sehr alten, moosbedeckten Buchenwäldern. Hangabwärts türmen sich auf tiefen Feuchtböden gedeihende Eukalyptuswälder auf. Im Osten und Norden der Hochebenen wurden die niedrigeren, fruchtbaren Waldgebiete zur landwirtschaftlichen Nutzung abgeholzt.

Der westlich der Hauptstadt Hobart gelegene Mount-Field-Nationalpark schützt eine leicht zugängliche Gletscherlandschaft, die Wanderer aus der ganzen Welt anzieht. Südlich von St.-Clair-See wurde die wilde und feuchte Berglandschaft des spektakulären Südwestens und des Franklin-Gordon-Wild-Rivers-Nationalparks 1970 weltberühmt, als der Plan eines zweiten Stausees im Gordon nach einer hitzig geführten Umweltdebatte aufgegeben wurde.

# Freycinet-Nationalpark

## *Tasmaniens Côte d'Azur*

An der mittleren Ostküste Tasmaniens erstreckt sich eine ausgedehnte, gebirgige, aus rosafarbenem Granit augebaute Halbinsel; ein Großteil von ihr gehört zum Freycinet-Nationalpark. Der etwa 200 km nordöstlich von Hobart gelegene Park wurde 1916 gegründet und nach dem Kartographen Louis Claude de Saulces de Freycinet benannt, der an der ersten großen wissenschaftlichen Expedition in Australien (1800–1804) teilnahm.

Der Park erstreckt sich nach Süden als schmales Band unterhalb des Ortes Bicheno entlang der Küste. Allmählich wird er breiter, bis er schließlich südlich von Coles Bay die gesamte Insel umfaßt. Schouten-Insel, eine große Insel gegenüber der Südspitze der Halbinsel, wurde 1967 zum Nationalpark hinzugefügt, wodurch eine Gesamtfläche von 119 km² erreicht wurde.

Freycinet wird von zwei parallel zueinander verlaufenden Bergketten dominiert; höchster Punkt ist der Mount Freycinet mit 620 m. Diese bewaldeten und mit Gestrüpp bedeckten Berghänge – die Hazards im Norden und die Freycinet-Gruppe im Süden – werden durch eine weite, sandige Landenge voneinander getrennt. Zwischen den auf beiden Seiten der Landenge gelegenen Stranddünen befindet sich ein großes Feuchtgebiet; es umfaßt einige Lagunen und ist der Lebensraum vieler Vögel.

### *Tasmaniens Côte d'Azur*

Die Küstenlinie von Freycinet ist eine Aneinanderreihung herrlicher Strände, die sich gegen das manchmal wilde und graue, jedoch meistens azurblaue Wasser absetzen. Dutzende von bezaubernden Buchten und Meeresarmen schützen Strände mit herrlichen Felsen und weißem Sand. Sogar die ausgedehnten Strände, die sich im Westen erstrecken, sind von besonderer Art. Eine klare Lagune hinter Bryans Beach ist ein geeigneter Ort, um Meerbrassen zu sehen. Der von hohen Dünen umrahmte Hazards Beach erstreckt sich über 2 km entlang der Great-Oyster-Bucht auf der Westseite der Landenge.

### *Wandern über Berg und Tal*

Das Besteigen des Mount Amos und die 4-Stunden-Rundwanderung um den Mount Mason bieten einen guten Einstieg in das Gebiet. Die Naturwanderung Wineglass Bay führt von den Küsteneichen des Waldlands hinauf zu den Inseln aus Gebüsch und Heidekraut, vorbei an sich auftürmenden Granitbergen bis zu den Gebirgssatteln von Mount Amos und Mount Mason. Vom weiter oben gelegenen Mount-Amos-Aussichtspunkt, der von gigantischen rosafarbenen Bergen umgeben wird, bietet sich eine gute Aussicht auf das azurblaue Wasser der Winglass-Bucht und ein Mosaik aus den Grüntönen der Feuchtlandteiche in der Landenge und der Great-Oyster-Bucht darunter.

Gegenüber: *Die Wineglass-Bucht unterhalb des Mt.-Amos-Aussichtspunkts, rechts im Hintergrund der Mt. Freycinet*
Oben rechts: *Trauerschwäne,* Cygnus atratus, *sind häufig an den Lagunen und in der Great-Oyster-Bucht anzutreffen.*
Vorangegangene Seiten:
92: *Urtümliche Gletscherlandschaften bei Schnells Ridge, Mt.-Anna-Gebiet, Southwest-Nationalpark und Tasmanian-Wilderness-Welterbestätte.*
93: *Der Wombat kommt in allen tasmanischen Parks vor.*

**Lage:** Breitet sich über die Freycinet-Halbinsel aus und liegt 200 km nordöstlich von Hobart, an der mittleren Ostküste von Tasmanien.

**Klima:** Kühle, feuchte Winter mit Süd- und Südwestwinden. Warme, trockene Sommer mit rapiden Wetterwechseln; heiße, windige Nachmittage. In dieser Zeit Feuergefahr.

**Reisezeit:** Jederzeit von August bis April, obwohl das Klima von November bis Februar sehr angenehm ist.

**Anreise:** Auf dem Landweg über den Tasman Hwy. nach Coles Bay, Parsons Cove, Kap Tourville. Mit Booten von Swansea, Little Swanport und Coles Bay aus.

**Genehmigungen:** Campingerlaubnis bei der Nationalen Parkaufsicht und dem Informationszentrum in Coles Bay, Buchungen für Zeltplätze sind erforderlich, vor allem während der Schulferien. Feuermachen verboten.

**Ausrüstung:** Campingausrüstung, Wasser, Gaskocher, warme Kleidung, Schwimmausrüstung, Angelausrüstung, Hut, Sonnenschutz, Wanderstiefel, Stoffschuhe, Fernglas.

**Einrichtungen:** Großes Campinggelände bei Coles Bay mit Gemischtwarenladen. Grillplätze und Toiletten in Honeymoon Bay und Rangers Creek. Rucksack-Campingplatz an Hazards Beach, Cooks Beach, Bryans Beach und an der Wineglass-Bucht; alle verfügen über improvisierte Toiletten und begrenzte Wasserversorgung. Alle Wanderwege führen von den größeren Orten in den Park.

**Tierbeobachtung:** Wallabies und Beutelratten kann man an den Campingplätzen sehen. Wasservögel und Seevögel sind im Park zu beobachten, darunter auch große Populationen von Trauerschwänen. Wildblumenblüte von August bis Dezember.

**Besucheraktivitäten:** Angeln, Bootfahren, Wandern, Naturstudien, Vogelbeobachtungen, Schwimmen, Felsklettern.

Oben: *Purpur-Rosellasittiche findet man im gesamten Tasmanischen Waldland und in Eukalyptuswäldern.*
Ganz oben: *Mt. Amos mit seinem für den Nationalpark typischen Bewuchs mit Heidekraut und Gebüsch.*
Ganz rechts: *Das Bennettwallabi kann man nahe der Wanderwege entdecken.*

Vom Gebirgssattel fällt der Weg schnell ab zur sandigen Landenge und einem Übernachtungslager. Häufig kann man während eines Spaziergangs auf dem Campinggelände bei Sonnenaufgang Bennettwallabies sehen und in der Nähe der Lagunen Tüpfelbeutelmarder, Buschschwanzbeutelratten, Sumpfratten oder Wasserratten.

Nachdem der Weg das nördliche Ende der Landenge umgeht, führt er nahe an einer Lagune vorbei, auf der oft Dunkelenten, Graue Krickenten, Trauerschwäne und einheimische Hennen zu finden sind. Insgesamt sind im Nationalpark ca. 150 Vogelarten dokumentiert. Vielleicht sieht man bei der Lagune auch eine Nachtbaumnatter, den Australischen Kupferkopf oder die Peitschennatter. Alle drei sind giftig.

Vom Hazards Beach kommt man über die Great-Oyster-Bucht auf dem Rundweg zum Hauptweg des Halbinselwanderwegs zurück. Hier kann man in den Dünen »Müll« der Aborigines entdecken – Überreste der bei den Festmahlen in den letzten 6000 Jahre verspeisten Meeresfrüchte.

## *Die trockene Seite Tasmaniens*

Vor dem Eintreffen der regenführenden Winde in Freycinet wird ein Großteil der Feuchtigkeit im Hochland weiter im Westen abgeregnet. Die Vegetation im Park und entlang der Küste im Norden ähnelt der Gippsland-Küste im östlichen Victoria.

Im Süden durchzieht ein 26 km langer Rundweg zum Mount Freycinet und zu Bryans Beach das Gestrüpp. Hier besteht die Gefahr von Buschfeuern. Das Heideland entlang diesem Weg zwischen Cooks Corner und Bryans ist besonders reich an Wildblumen; es gedeihen Rosa Heide, Fransenmyrte, Wilde Iris, Hakea und Orchideen, wie z. B. Spinnen- oder Helmorchidee.

# Southwest-Nationalpark

## *Grandios wilde Berge und Strände*

Der 1953 gegründete Southwest-Nationalpark ist ein Gebiet mit in Dunst gehüllten Berggipfeln und zerklüfteten Regionen, die von tief abfallenden, bewaldeten Tälern durchzogen sind. Wassergesättigtes Button-Grass-Seggenland bedeckt das Vorgebirge und die Niederungen, während an den Rändern Karseen auftreten und wilde Flüsse das beeindruckende Landesinnere zur stark gegliederten Küste entwässern. Bathurst Harbour und Port Davey sind spektakuläre, fjordähnliche Buchten, die tief in den Park hineinreichen.

Wegen seiner Unberührtheit zieht dieser Park im Südwesten Tasmaniens Wanderer aus der ganzen Welt an. Ein wunderschöner Langstrekkenwanderweg durchzieht das 6083 km² große Naturschutzgebiet.

Der Park wird im Süden und Westen von der tosenden Küste des Südpolarmeers und im Norden vom Franklin-Gordon-Wild-Rivers-Nationalpark begrenzt. Zusammen mit diesem Schutzgebiet ist der Southwest-Nationalpark Teil der von der UNESCO 1982 dazu erklärten Tasmanian-Wilderness-Welterbestätte.

### *Die Vegetation des Nationalparks*

Unterschiedliche Oberflächenformen und Böden haben in Verbindung mit Frost, Feuer und Regen im Park ein wundervolles Vegetationsmosaik mit über 175 endemischen Arten erschaffen. Die schroff herausgearbeiteten Berggipfel aus weißem Quarzit und rostgefärbtem Dolerit sind den regenbringenden Roaring Forties ausgesetzt, die dem Gebiet Jahresniederschläge von mehr als 3000 mm liefern.

Die Böden sind im allgemeinen dünn, sandig, wenig fruchtbar und wassergesättigt, und die Region wird von Button-Grass-Seggenland, Teebäumen, Wildrosen und von undurchdringlichem Horizontal-Gestrüpp überdeckt. Diese Pflanze wächst hoch auf schwachen Stämmen; nach deren Umknicken entsteht mit den umgebenden Pflanzen der gleichen Art ein undurchdringliches Netz.

Gebiete in geschützten Lagen, in denen die Böden nährstoffreicher sind, fördern das Wachstum von Regenwald, in dem hauptsächlich Myrtle Beech, Moos, Flechten und Farne gedeihen. Drei endemische Koniferen wachsen im Southwest-Nationalpark – die King-Billy-Kiefer, die Rauten-Farneibe und die erhabene Huon-Kiefer, die von Waldarbeitern wegen ihres feinen, hellgelben und aromatisch riechenden Weichholzes geschätzt wird. Einige sind über 1000 Jahre alt.

Eukalyptusbäume haben Lebensräume der Buchen eingenommen – wahrscheinlich nachdem die ansässigen Aborigines nach dem Ende der letzten Eiszeit vor etwa 15 000 Jahren angefangen hatten, das Land zur Regeneration der Böden und zu Jagdzwecken abzubrennen.

### *Unberührte Tierwelt*

Wenn der Tasmanische Beutelwolf irgendwo überlebt hat, dann hier in dieser mysteriösen, nebeligen Welt des wilden Southwest-Nationalparks. Bei den vielen anderen Kreaturen, die sich in den Kronen des Button Grass sonnen, könnte es sich um eine der drei tasmani-

Oben rechts: *Der gefährdete orangebäuchige Papagei brütet im Sommer in den Mooren Südwest-Tasmaniens.*

**Lage:** Der Park erstreckt sich über den Südwesten Tasmaniens südlich des Gordon-Sees und 110 km südwestlich von Hobart.

**Klima:** Das ganze Jahr über feucht und windig. Am trockensten im Februar, am feuchtesten im August; am wärmsten Dezember/Januar (10–20 °C); am kältesten im Juni (4–13 °C). In den Bergen noch feuchter und kälter. Blizzards können das ganze Jahr über vorkommen.

**Reisezeit:** November bis März; in anderen Monaten häufig Überflutungen und Schneefälle.

**Anreise:** Die einzige Straße in den Park führt nach Scotts Peak Dam, Pedder-See und Serpentine Dam. Weitere Straßen führen nach Cockle Creek und in das Tahune-Forest-Schutzgebiet; die Straße C 607 reicht bis in das Mt.-Anne-Gebiet. Jacht- und Bootanlegestelle in Port Davey.

**Genehmigungen:** Anmeldung der Routen und Campingerlaubnis bei der Melaleuca- und der Scotts-Peak-Aufseherstation oder im Verwaltungsbüro des Nationalparks in Hobart.

**Ausrüstung:** Wander-, Camping- und Kletterausrüstung. Landkarten mit großem Maßstab, Kompaß, warme und Regenkleidung, Windjacke, Erste-Hilfe-Kasten, Insektenschutz, Hut, Taschenlampe, Gaskocher.

**Einrichtungen:** Wanderwege mit gekennzeichneten Campingplätzen, Hütten in Melaleuca für 20 Wanderer. Campingplätze in Cockle Creek, Edger Dam, Scotts Peak Dam und Tahune. Regenwald-Naturwanderweg, Junction Hill.

**Tierbeobachtung:** Wasservögel an den Lagunen; orangebäuchige Papageien, Erdsittiche und Feuerschwanzamadinen in Moorgebieten; giftige Schlangen im Button Grass; nachtaktive Säugetiere.

**Besucheraktivitäten:** Wandern, Angeln am Pedder-See, Flüge durch den Park, Bootsreisen von Bathurst Harbour und Port Davey aus, Tierstudien, Bergsteigen.

**Rechts:** *Die Südwestküste bei Port Davey in Tasmanien wird von den Stürmen der Roaring Forties heimgesucht.*
**Unten:** *Der Tüpfelbeutelmarder, vor kurzem auf dem Festland ausgestorben, ist in Tasmanien noch weit verbreitet – wahrscheinlich, weil es auf der Insel keine Füchse gibt.*

schen Schlangen handeln, etwa um die Nachtbaumnatter, die vor allem von Fröschen und Yabbies lebt, oder um den seltenen Sumpf-Antechinus – ein kleines Beuteltier.

Wombats sieht man häufiger durch den Busch schlendern, während sich das Bennettwallabi und der kleinere Filander neben Seen und Bächen aufhalten. Nachts suchen Buschschwanz- und Ringelschwanzbeutelratten sowie Fleckenschwanz- und Tüpfelbeutelmarder nach Futter.

Der hübsche orangebäuchige Papagei, einer der seltensten Vögel der Erde, residiert im Sommer ebenso im Seggenland des Southwest-Nationalparks wie der seltene Erdsittich. Die schöne Feuerschwanzamadine, der gestreifte Zaunkönig und das dunkle Rotkehlchen machen die offeneren Lebensräume des Parks zu ihrer Heimat, während sich hoch oben Weißbrust-Seeadler, Keilschwanzadler und Wanderfalken in die Lüfte schwingen.

## *Wanderwege in das Naturschutzgebiet*

Die Namen der Berge im Southwest-Nationalpark stehen für ihren Charakter – Snowy und Ironbound Ranges, The White Monolith, The Jupiter, The Razorback, Precipitous Bluff, Folded Range und Lost World Plateau. Der einzige Wanderweg durch dieses wilde Naturschutzgebiet fängt bei Cockle Creek in Catamaran an, im Südosten des Parks. Der South Coast Walking Track führt über die Küstenlandspitze und die Strände zur Prion-Bucht. Eine Abzweigung steigt zum Gipfel des Precipitous Bluff (1219 m) an, bevor es hangabwärts zwischen Kalkgestein durch Wälder mit riesen Gebirgs-Eschen (bis zu 80 m hoch) zur New-River-Lagune zurückgeht.

Nach einem langen Marsch zurück zum eigentlichen Wanderweg am Strand sind es weitere 55 km über hohe Bergketten und Button-Grass-Ebenen zur Melaleuca-Aufseherstation in Bathurst Harbour. Viele Wanderer fliegen hierher, um den 75 km langen Wanderweg zu gehen. Über Bathurst Narrows wird der Weg zum Port-Davey-Wanderweg (60 km), der landeinwärts nach Scotts Peak Dam und zum Pedder-See führt. Von den Arthur Plains führt ein wilder Wanderpfad über eine abwechslungsreiche Route zum Tahune-Forest-Schutzgebiet.

**Gegenüber:** *Glänzend grüne Polsterpflanzen und palmenähnliche Richeas gibt es hier nur in den subalpinen Gebieten.*

# Mount-Field-Nationalpark

## *Ein vielfältiges Szenarium*

Der 80 km nordwestlich von Hobart gelegene Mount-Field-Nationalpark schützt auf 170 km² vielfältige Landschaften. Der Park erstreckt sich über eine Berggruppe nördlich der Gordon River Road und umfaßt einen der höchstgelegenen feuchten Eukalyptuswälder der Welt, klassische Gletscherlandschaften, subalpine Landschaften, schöne Wasserfälle in unberührter Umgebung, herrliche Wildblumen und viele Wildtiere.

Im Bestreben, einen Nationalpark zu errichten, um das Gebiet der Russell Falls zu schützen, entstand 1885 das erste Schutzgebiet, das auch Teil des heutigen Parks ist. Ein weiterer Meilenstein war der im Jahr 1915 erlassene Tasmanian Scenery Preservation Act. 1916 wurden der Mount-Field-Nationalpark und der Freycinet-Nationalpark an der Ostküste gegründet; es waren die ersten beiden Nationalparks in Tasmanien.

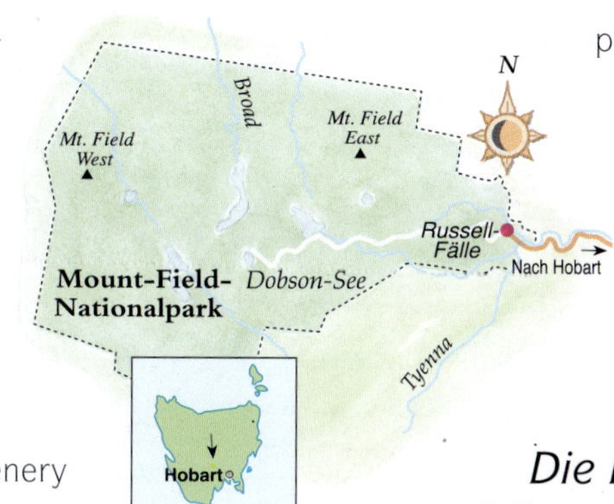


### *Mit der Kraft des Eises*

Der 1434 m hohe Mount Field West ist die höchste Erhebung einer Gruppe von Doleritgipfeln im Park; unterhalb des Gipfels haben mehrere breite Trogtäler ihren Anfang. Auf dem Höhepunkt der Eiszeit war die Berggruppe von einer Eiskappe bedeckt, die von schneebringenden Blizzards aus dem Westen angereichert wurde. Eiszungen, die schwere Felsbrocken und Doleritschotter mit sich führten, bewegten sich langsam in die Täler und entrissen dabei dem Untergrund weiteres Material.

Gegenüber: *Gletscherseen und kleine Gebirgsseen, die Lebensräume der endemischen Wassertiere, sind über den Mount-Field-Nationalpark verstreut.*
Oben rechts: *Der Gebirgsenzian gedeiht im subalpinen Grasland von Tasmanien und blüht von Februar bis März.*

An den Gletscherzungen abgelagerte Moränen dämmten viele Täler ein und bildeten Seen, wie z. B. den Fenton-, Dobson-, Seal- und Belcher-See. Wo sich die Eisdecke über eine lange Dolerit-Terrasse absenkte, entstand eine Reihe von herrlichen seichten Gebirgsseen. Der Rundweg vom Dobson-See durch subalpines, feuchtes Heideland und entlang dem pittoresken Schelf bietet eine fabelhafte Aussicht auf den Mount Bridges und den Seal-See mit seiner klassischen Moränenlandschaft. Es ist einer der besten Wege, um die Vielfalt des Parks zu erleben.

### *Die Rückkehr der Pflanzen und Tiere*

Als das Eis zurückschmolz und wärmere Klimabedingungen vorherrschten, arbeiteten die Schmelzwasserströme Rinnen in die Eislandschaft ein. Pflanzen und Tiere kamen allmählich aus niedrigeren Breiten und wärmeren Zufluchtsorten zurück. Heute liefert das Mosaik der Vegetation eine Dokumentation der Umweltbedingungen der letzten Jahrtausende.

Das Hochland ist unglaublich schön. Es herrscht eine fabelhafte Kombination von Texturen und Farben. Schon der Duft ist ein Genuß, vor allem der zitronenartige Duft der Boronia. Bedeutende Gewächse sind die Polsterpflanzen in den Hochmooren, die häufig Enziane und Sonnentau beherbergen, sowie das Torfmoos, das an den Ufern der Bergseen gedeiht. Am faszinierendsten sind die vielfältigen Erscheinungsbilder der Bonsai-Pflanzen, wie z. B. der Einheimischen Erdbeere, einer Zwergkiefer, Microcachrys sp., mit saftroten und sukkulenten Zapfen; diese werden von den Würgerkrähen begehrt, die in den felsigen Mooren leben. Trotz ihrer geringen Größe können diese Pflanzen ein hohes Alter

**Lage:** 75 km westlich von Hobart im Einzugsgebiet des Derwent.

**Klima:** Kühle, feuchte Sommer mit dramatischen Wetterveränderungen (mit gelegentlichen Blizzards) und Nebel; kalte Winter mit Blizzards im Hochland oberhalb des Fenton-Sees.

**Reisezeit:** Im Winter ist die beste Zeit für einen Besuch, zum Skifahren und für einen Aufenthalt in den Bergen, Oktober-Dezember ist die günstigste Zeit für Wildblumen, November-April für Wanderungen. Die Russel Falls können jederzeit besucht werden.

**Anreise:** Asphaltierte Straßen von Hobart zum Parkeingang bei Russel. Nichtasphaltierte Bergstraße zum Dobson-See. Im Winter müssen hier Schneeketten angelegt werden.

**Genehmigungen:** Campingerlaubnis, Buchung für die Lake-Dobson-Hütte sowie Zimmerreservierungen im Besucherzentrum. Im Sommer Feuerbeschränkungen.

**Ausrüstung:** Warme und Regenkleidung, Ersatzkleidung (Wetterwechsel), Hut, Sonnenschutz, Campingausrüstung, Gaskocher, Wanderstiefel, Skiausrüstung, Landkarte mit großem Maßstab, Kompaß.

**Einrichtungen:** Naturwanderungen bei Russel Falls, am Dobson-See, Lyrebird und Pandani Grove; Tageswanderungen entlang gekennzeichneter Routen, Informationsstände an den Straßen. Besucherinformationszentrum und Kiosk, Camping-Gebiet mit allen Einrichtungen, einfache Hütten in Lake Dobson. Im Winter Skiservice am Mt. Mawson. Fünf Schutzhütten an den Buschlandwanderwegen.

**Tierbeobachtung:** Buschschwanzbeutelratten, Wallabies und Filander kann man um die Campingplätze und den Dobson-See sehen; Leierschwänze in Farngebieten und in Wäldern; Schnabeltiere in Seen und Bächen bei Sonnenauf- und -untergang.

**Besucheraktivitäten:** Autotouren, Wandern, Skifahren, Eislaufen.

**Oben:** *Die weitverbreiteten Buschschwanzbeutelratten,* Trichosurus vulpecula, *haben gelernt, in der Nähe von Menschen zu leben, und können häufig nachts gesehen werden.*

**Rechts:** *In den vom Eis ausgehöhlten Talmulden befinden sich heute seichten Gebirgsseen in der wunderbaren Parklandschaft des Seenschelfs; sie ist von Heideland und Pencil-Kiefern,* Athrotaxis cupressoides, *umgeben.*

erreichen. Das Hochland beherbergt ebenfalls ein lebendes Fossil, das seit 200 Millionen Jahren unverändert geblieben ist – die Tasmanische Gebirgs-Garnele, die es in den Bergseen in Hülle und Fülle gibt.

## *Leben unterhalb der Baumgrenze*

Die meisten Tiere im Park leben unterhalb der Baumgrenze; die Lebensräume sind entsprechend der Höhenlage entwickelt. Jeder Lebensraum schützt eine unterschiedliche Fauna, von wunderbar geformten Kiefern – z. B. King-Billy-, Celery-Top- und Pencil-Kiefer – in den höchsten Lagen über die kahlen Snow Gums bis hinunter in die stillen Täler, die mit Myrtle Beech, aromatischen Fenchelholzbäumen und Gelbgummibäumen übersät sind. An den Bächen und Seen blühen die feuchten Eukalyptuswälder, vermischt mit Gebirgseschen und Ribbon Gums. Buschschwanzbeutelratten leben im bewaldeten Land, Ringelschwanzbeutelratten in Schluchten mit dichtem Gestrüpp, während Southern-Zwergbeutler das blühende Heideland bevorzugen.

Die allgegenwärtigen Wombats und Felsenratten lieben die Wärme, und die scheuen Schnabeltiere leben in den größeren Bächen und Gebirgsseen. Der Park beheimatet auch einige Fleischfresser – den Tasmanischen Beutelteufel, einen Aasfresser, sowie Fleckenschwanz- und Tüpfelbeutelmarder – beide leben von kleinen Säugetieren und Vögeln.

Zu den im Park lebenden Vögeln gehören Gelbbauchsittiche, Brown-Scrub-Zaunkönige, Buschmeisen und Tasmanische Dornschnabel-Kolibris. Der aus Victoria 1943 eingeführte Superb-Leierschwanz ist in den Feuchtwäldern sehr aktiv. Er kann unter den massiven Baumfarnen bei den Russel Falls beobachtet werden, nahe am Eingang des Parks sowie in den Sumpfgummibaumwäldern.

**Rechts:** *Die Tasmanischen Filander sieht man in den grasbewachsenen Lichtungen der Wälder entlang des Russel-Falls-Wanderweges in großer Zahl.*

# FRANKLIN-GORDON-WILD-RIVERS-NATIONALPARK

## *Betonte Unberührtheit*

Ungefähr 185 km nordwestlich von Hobart durchquert der Lyell Highway das King-William-Gebirge zwischen den Quellflüssen von Derwent und Franklin. Anschließend führt er in den Franklin-Gordon-Wild-Rivers-Nationalpark. Wilde Flüsse tosen durch die gewaltigen Abgründe aus glattem Quarzit und verkarstetem Kalkstein und durchqueren artenreiche Waldgebiete.

Teile des Gebiets waren bereits im Frenchmans-Cap-Nationalpark (1939 gegründet) und im Lower-Gordon-Scenic-Reservat (1908 gegründet) geschützt, als die Umweltschützer Dr. Bob Brown und Paul Smith 1975 eine zweiwöchige Floßfahrt auf dem Franklin machten. Diese Erfahrung inspirierte sie dazu, den ausdauernden Protest gegen den Bau eines zweiten Damms am Gordon zu organisieren. Diese hitzig geführte Diskussion mündete 1981 in die Errichtung des Franklin-Gordon-Wild-Rivers-Nationalparks; er umfaßt eine Fläche von 4408 km².

Der im Norden an den berühmten Cradle-Mountain-Lake-St.-Clair-Nationalpark und im Süden an den wilden Southwest-Nationalpark angrenzende, entlegene Park ist Teil der Tasmanian-Wilderness-Welterbestätte, die 1982 ausgewiesen und 1989 erweitert wurde. Nach Bob Brown ist dieser Park »eine lebende Gedenkstätte für alle anderen Wildbäche, die gestaut, umgeleitet, verschmutzt und verändert wurden.«

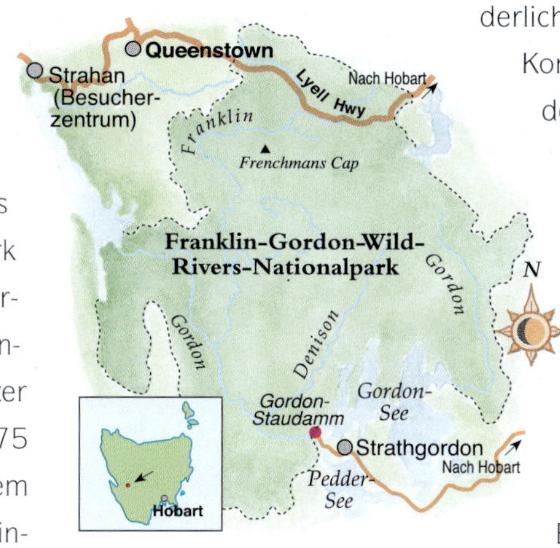


Oben rechts: *Wildwasser-Rafting auf dem tosenden Franklin zählt zu Australiens berauschendsten Wildniserlebnissen.*

### *Unberührte Wildnis*

Da dieser Wildpark nur wenige Wanderwege aufweist, ist es am besten, das prachtvolle Gebiet im Rahmen einer zweiwöchigen Rafting-Tour auf dem Franklin zu erkunden. Dafür ist ein hohes Maß an Kondition erforderlich. Für diejenigen, die über weniger Kondition verfügen, ist der Unterlauf des Flusses besser geeignet, da die prachtvollen Schluchten und Wälder hier wesentlich ruhiger durchquert werden.

Der Fluß entspringt im Hochmoor, einem Gebiet mit vielen Polsterpflanzen, Sphagnum, Button Grass, Kriechenden Kiefern, Teebäumen und laubabwerfenden Buchen. Danach fließt er mit nahezu konstanter Richtung durch Gebirgsteiche und größere Seen. Der Fluß war einst Wasserstelle des Beutelwolfs, *Thylacines*, und über Tausende von Jahren lebten an den Ufern Aborigines. Die größten Tiere, die noch heute hier ihren Durst löschen, sind Tasmanische Beutelteufel, Wombats und Bennettwallabies. Das Schnabeltier ist in stillen Gewässern verbreitet, wo es nach wirbellosen Tieren als Nahrung sucht.

Der Fluß erhält Wasser von zahlreichen Nebenflüssen, von denen einige am hohen Frenchmans Cap (1444 m) und seinem dreigezackten Gipfel aus glänzend weißem Quarzit entspringen. Eine wunderschöne 3- bis 5-tägige Rundwanderung teilweise über morastiges Gelände verläuft vom Lyell Highway zu diesem Gipfel.

Nachdem der Franklin einen großen Bogen um den Berg macht, taucht er zwischen den »glaswandigen Klippen« des Great Ravine auf – glatter, orangefarben

**Lage:** 185 km nordwestlich von Hobart, 35 km südöstlich von Strahan am Hafen von Macquarie.

**Klima:** Das ganze Jahr über regnerisch. Kalte Winter mit Schnee im Hochland für 2–5 Monate; kühle Sommer. Blizzards im Hochland jederzeit möglich, besonders im Winter.

**Reisezeit:** Für Wanderungen und Wildwasser-Rafting Dezember bis März. Zum Bootfahren im Hafen Macquarie und am unteren Gordon von Strahan das ganze Jahr über.

**Anreise:** Auf der Straße zum Gordon-Staudamm oder über den Lyell Hwy. zum Frenchmans-Cap-Wanderweg im Norden, tägliche Bootstour von Strahan zum Gordon.

**Genehmigungen:** Zelterlaubnis von der Parkverwaltung in Hobart. Wanderer und Wildwasserfahrer müssen sich bei der Parkaufsicht melden.

**Ausrüstung:** Spezielle Bergtour- oder Wildwasser-Rafting-Ausrüstung, warme Kleidung, Regenausrüstung, Hut, Proviant für den Notfall, GPS-Ausrüstung, Kompaß und Landkarten mit großem Maßstab, schlammbeständige Wanderstiefel, Erste-Hilfe-Kasten, Insektenschutzmittel, Gaskocher.

**Einrichtungen:** Wildnis-Zeltplätze und *Flying-Fox*-Überfahrten des Franklin am Frenchmans-Cap-Wanderweg, Schutzhütte in Lake Tahune. Franklin-Fluß-Naturwanderweg. Unterkünfte, voll ausgestattetes Gelände zum Campen, auch mit Wohnwagen. Bootsfahrten in Strahan.

**Tierbeobachtung:** Der Hafen von Macquarie, der untere Gordon und der Franklin sind reich an Wassertieren, Vögeln und am Ufer lebenden Tieren. Am Frenchmans Cap kann man im hohen Button Grass Schlangen, an den Campingplätzen Säugetiere und im Vera-See Schnabeltiere beobachten.

**Besucheraktivitäten:** Autotouren, Kanufahren am Unterlauf von Gordon und Franklin, Schiffahrten auf dem Gordon, Wildwasser-Rafting auf dem Franklin, Naturstudien, Wandern.

und durchsichtig erscheinender Quarzit, der immer naß ist. Riesige Felsbrocken, die sich von oben gelöst haben, blockieren den tosenden Fluß; die Luft ist ständig etwas dunstig. Etwa 2000 Jahre alte Huon-Kiefern wachsen aus den mit Laub gefüllten Spalten und Bodenklüften. Uralte Buchen hängen über die Ränder der Schlucht. Gelbschwänzige Rabenkakadus streiten sich mit Flügelschlägen und rauher Stimme um die Kiefernzapfen.

## *Der Gordon-Staudamm*

Auf seinem Weg zum Meer wird das honigfarbene Wasser des Franklin langsamer – vielleicht weil er den unteren Gordon begleitet, der sich seinen Weg zum Hafen Macquarie bahnt. In Strahan, am Hafen von Macquarie, nehmen Besucher, die den Park auf eine bequemere Art erleben wollen, an Gleitboot-Vergnügungsfahrten teil, oder sie durchqueren mit Schiffen den unteren Gordon bis nach Heritage Landing. Der obere Gordon wurde 1972 für die größte hydroelektrische Anlage aufgestaut, bevor der landesweite Widerstand gegen dieses Projekt den Franklin rettete. Der in hohen, verschneiten Gebieten entspringende und über ausgedehnte Button-Grass-Moore fließende Fluß strömte einst durch den schönen Pedder-See, der jetzt überflutet ist, ehe er durch die unbeschreibliche, als The Gordon Splits bezeichnete Schlucht und entlang den Angel Cliffs in Richtung Meer stürzte.

Oben rechts: *Gänseblümchen übersäen die subalpinen Hänge am Frenchmans Cap.*

Oben links: *Der Gordon schlängelt sich unterhalb des Zusammenflusses mit dem Spence durch die dichte Waldwildnis.*

Links: *Transcendence Reach ist ein beschaulicher Abschnitt der mächtigen, den Franklin eingrenzenden Great Ravine.*

Oben gegenüber: *Die Nebenflüsse des Franklin graben sich in die von Myrte und Baumfarnen bedeckten Böden der kühlen Regenwälder ein.*

## *Schatten der Vergangenheit*

Der Fluß plätschert über ein Mosaik aus glatten Kieselsteinen, die aus den alten Moränen ausgeschwemmt wurden. Vor etwa 20 000 Jahren liefen hier schon Frauen und Kinder der Aborigines über die eisigen Flußbette, mit Netztaschen voller Muscheln, Flußkrebse, kleiner Säugetiere, Früchte, Samen, Blumen, Wurzeln und Knollen.

Die Menschen führten ein vom Eis eingeschlossenes Leben. Sie wohnten in der Kutikina-Höhle und in weiteren 60 Höhlen nahe dem Franklin. Diese Höhlen beherbergen die ältesten eiszeitlichen Überreste der ganzen Welt.

Die tasmanischen Aborigines, die die Einfälle der weißen Siedler überlebten, haben inzwischen ihre Identität wiedergefunden und freuen sich, daß die ihnen heiligen Berge den Status einer Welterbestätte erhielten.

Oben: Richea scoparia, *eine von sechs verschiedenen* Richea-*Arten, die in Tasmaniens Feuchtgebieten zu finden sind.*

# Cradle-Mountain-Lake-St.-Clair-Nationalpark

## *Eine Gletscherlandschaft*

Wie große Heuhaufen erheben sich die Berge aus einem Plateau mit vereisten Flächen, Gebirgsteichen, großen Seen und tief eingeschnittenen Tälern – Cradle Mountains, Barn Bluff, Eldon Bluff, Pelion West, Ossa und Olympus. Es ist die höchste Gebirgsformation in Tasmanien. Der harte Dolerit dieses Gebiets wurde vor rund 20 000 Jahren von mächtigen Eismassen bedeckt und umgestaltet.

Der prachtvollste Wanderweg, der Overland Track, verläuft auf diesem Plateau. Dieser berühmteste Weg in Australien durchquert den Park von Cradle Mountain im hohen Norden bis zum 80 km entfernten St.-Clair-See im Süden.

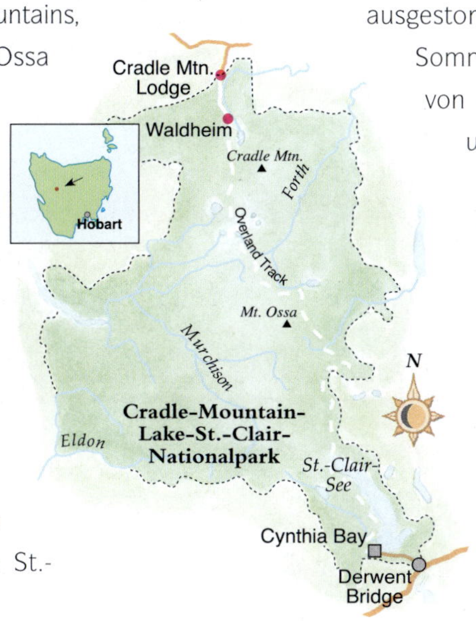


Heute sind 1609 km² dieser spektakulären Landschaft im Cradle-Mountain-Lake-St.-Clair-Nationalpark unter Schutz gestellt. Er befindet sich 90 km von Devonport entfernt an der Nordküste. Die nächste Ansiedlung ist das kleine Dorf Derwent Bridge, das 8 km südlich von Lake St. Clair liegt. Der 1922 gegründete Cradle-Mountain-Lake-St.-Clair-Nationalpark wurde mit dem Franklin-Gordon-Wild-Rivers- und dem Southwest-Nationalpark zur 13 800 km² großen Tasmanian-Wilderness-Welterbestätte zusammengefaßt, die 1982 ins Leben gerufen wurde.

Gegenüber: *Der von Doleritsäulen gekrönte Cradle Mountain ist eine der Attraktionen im Norden des Parks.*

Oben rechts: *Der im Park verbreitete Beutelteufel ist das größte noch lebende fleischfressende Beuteltier.*

### *Der Overland Track*

Der Weg war zunächst eine Route für Trapper durch die Wildnis. Sie jagten Beutelwölfe, *Thylacines*, die heute als ausgestorben gelten. Heutzutage bietet die im Sommer fünf Tage dauernde Wanderung von Cradle Mountain nach Lake St. Clair unvergeßliche Eindrücke.

Die Wanderung ist so populär, daß mehr als 100 000 Paar Füße enthusiastischer Wanderer beträchtlichen Schaden an den Mooren und an den Button-Grass-Ebenen verursacht haben. Die tasmanische Parkaufsicht hat darauf mit der Errichtung von Holzstegen reagiert, die an einigen Teilen des Wanderweges angebracht wurden. Zudem wurde die Zahl der Hütten verdoppelt. Vier dieser Hütten werden bewirtschaftet; sie bieten bequeme Übernachtungs- und Verpflegungsmöglichkeiten für Teilnehmer von geführten Wanderungen. Tageswanderungen um Waldheim und Cynthia Bay an den beiden Endpunkten des Wegs erlauben es dem wenig trainierten Besucher, das Gebiet in kleinen »Häppchen« zu genießen.

### *Unterhalb von »Waldheim«*

Die frühere Heimat des österreichischen Auswanderers Gustav Weindorfer, der sich erfolgreich für die Errichtung eines Nationalparks in den Bergen einsetzte, ist »Waldheim«, die nördliche Endstation des Overland Tracks.

Nachdem man Waldheim verlassen hat, gabelt sich der Weg. Die westliche Abzweigung führt bergauf am Crater-See vorbei zum Marions-Aussichtspunkt, der

**Lage:** Im zentralen Hochland, 176 km nordwestlich von Hobart und 90 km südlich von Davenport, an der Nordostküste.

**Klima:** Niedrige Temperaturen; Regen das ganze Jahr über, April bis Oktober am feuchtesten. Blizzards jederzeit, vor allem April bis Oktober. Abrupte Wetterwechsel mit starken Temperaturänderungen.

**Reisezeit:** Dezember bis März; in den anderen Monaten unbeständiges Wetter.

**Anreise:** Straße von Hobart über den Lyell Highway nach Derwent Bridge und Cynthia Bay, oder von Norden kommend nach Waldheim.

**Genehmigungen:** Gebühren für Camping und Wanderungen sowie Reservierung für Unterkunft am Besucherinformationszentrum am nördlichen Parkeingang, bei der Parkaufsicht in Cynthia Bay oder bei der Parkverwaltung in Hobart.

**Ausrüstung:** Festes Schuhwerk (auch Ersatzschuhe), warme Kleidung, Windjacke, Regenschutz, Hut, wasserfeste Wanderstiefel, Erste-Hilfe-Kasten, Sonnenschutz, Insektenschutzmittel, Fernglas, Landkarten mit großem Maßstab.

**Einrichtungen:** Wanderwege und Holzstege, Naturlehrpfade, begrenzte Übernachtungsplätze in Schutzhütten und bewirtschafteten Hütten, geführte Wanderungen (frühe Buchung zu empfehlen), Parkaufsicht. Besucherinformationszentrum in Cradle Valley, Aufsichtsstelle in Cynthia Bay, Campingplätze in beiden Orten.

**Tierbeobachtung:** Gelegenheit zur Beobachtung von mehr als 80 Vogelarten, rund 20 nachtaktive Säugetierarten, Bennettwallabies, Tasmanische Filander, Hundskusus, Wombats, schwarze Nachtbaumnatter, ebenso Ameisenigel und Schnabeltiere.

**Besucheraktivitäten:** Wandern, Klettern, Camping, Fischen.

Oben: *Wanderer überqueren auf dem Overland Track eine Hängebrücke.*
Unten: *Tasmaniens Bennettwallabies ähneln denen des australischen Festlands, haben aber ein dickeres Fell.*

400 m oberhalb des schönen Gletschersees Dove liegt. Zur Rechten – versteckt unter den steilen Doleritsäulen des Cradle Mountain – fällt das kalte Wasser eines kleinen Sees als schmaler Wasserlauf in das bewaldete Ende des Dove-Sees.

Vom Aussichtspunkt aus führt der Weg durch subalpines Heideland, das von zahllosen, glänzend grünen Polsterpflanzen, wunderschönen Teebäumen, Gänseblümchen, rotfruchtigen Gebirgs-Nachtviolen, *Richea*-Heidekraut, Fieberbäumen und weiteren unzähligen Pflanzenarten übersät ist. Schon bald verschwinden die Hänge des Cradle Mountain in der Ferne, und in etwa 5 km Entfernung erheben sich die kolossalen Steinsäulen des Barn Bluff aus der mit Heidekraut überdeckten Ebene.

## *Artists Pool*

Die zweite Route um den monumentalen Cradle Mountain führt an der Ostseite des Dove-Sees über von Gletschern zerfurchtes Gelände und um von Buchen gesäumte Bäche, die in Kaskaden herabfallen. Beim anschließenden Durchqueren von Gebüschformationen und Wäldern bieten sich Blicke auf den Hansons, der in den Tiefen der Forth-Schlucht fließt. Artists Pool ist einer von Tausenden von kleinen Gebirgsseen, die die Landschaft überziehen. Sein klares, teefarbenes Wasser reflektiert den Berg überaus malerisch. Die Szenerie wird von alten, knorrigen Pencil-Kiefern umrahmt, die unzähligen Blizzards ausgesetzt waren. Der Anblick der grünen und blau-grauen Felsbrocken in der gewölbten Fels-

wand des Cradle Mountain neben dem glänzendem Wasser ist atemberaubend. Auch seine natürliche Ausstattung macht diesen Ort zu einem magischen Platz – Moosteppiche, stachelige Büsche und hügeliges Buschland stehen in Kontrast zu den grünen Massen der Kiefernnadeln und tief gefurchten Kiefernrinden.

## *Wildtiere und Pflanzen*

Die Aussicht vom nördlichen Bergrücken oberhalb des Windermere-Sees über das Geflecht aus kahlen, niedergebrannten Buschlandschaften und das Mosaik aus Button Grass, Gebirgsseen und Waldland mit dem tiefen Blau der Seen ist einzigartig. Unterhalb liegen die Gebirgswände des Mount Pelion West und im Osten Mount Oakleighs lachsfarbene Säulenklippen.

Nach der Umgehung der Hänge von Mount Pelion West mit Teebäumen und rauschenden Bächen taucht der Weg auf sonnendurchfluteten, mit Bergseen durchsprenkelten Mooren auf. Danach führt er in die stillen Tiefen der Myrtle-Beech-Wälder mit ihren moos-, flechten- und farnbedeckten Böden. Früher jagten hier Tasmanische Beutelwölfe, heutzutage sind es Tasmanische Beutelteufel und Fleckenschwanzbeutelmarder.

Auf dem weiteren Weg durch Eukalyptusbüsche wirken scharlachrote Tasmanische Waratahs wie knallige Farbtupfer unter dem Gipfel von Mount Ossa – mit 1617 m ist dies der höchste Berg in Tasmanien.

## *St.-Clair-See*

Du Cane Hut, eine auch unter dem Namen »Windsor Castle« bekannte Schutzhütte, wurde 1910 von einem Jäger aus Kieselsteinen und groben Brettern der King-Billy-Kiefern gebaut. Danach führt der Weg über einen Höhenrücken in das ehemals gletscherbedeckte Tal des Flusses Narcissus mit dem St.-Clair-See. Eine Fähre verkehrt auf der 20 km langen Strecke zwischen Narcissus Hut und Cynthia Bay am Ende des Overland Tracks.

Folgende Doppelseite: *Ein schöner Blick über den Artists Pool mit Cradle Mountain und Little Horn im Hintergrund.*

Oben: *Die Holzstege entlang des Overland Tracks schützen die Moorgebiete.*
Unten: *Kia Ora Hut ist eine der bewirtschafteten Hütten am Overland Trail.*

# SÜD-AUSTRALIEN

Mit einer Gesamtfläche von 984 000 km² erstreckt sich Südaustralien nördlich des wilden Südpolarmeeres in die Wüstenlandschaft im Zentrum des Kontinents. Ungefähr 80 % des Landes, das trockenste in Australien, erhält weniger als 250 mm Regen pro Jahr. Wenn es einmal geregnet hat, bedeckt ein Teppich aus Wildblumen das Hinterland.

Die Küstenlinie erstreckt sich 3700 km entlang der Großen Australischen Bucht und bildet zwei große Golfs in der Nähe von Adelaide, der Hauptstadt Südaustraliens. Die Kangaroo-Insel liegt im St.-Vincent-Golf. Das westliche Ende der Insel bildet den Flinders-Range-Nationalpark, der vielen Tieren Lebensraum bietet, die hier sicher vor Raubtieren des Festlandes sind.

Südaustralien hat zwei Gebirgsregionen – die granitischen Musgraves, die entlang der Grenze zum Nordterritorium verlaufen, und den Flinders-Ranges-Komplex, der nördlich der Fleurieu-Halbinsel in die Wüste in der Umgebung des Salzsees Eyre-Sees reicht. Ein riesiger Bogen von Salzseen beginnt nördlich des Spencer-Golfes und legt sich um den nördlichen Teil der Flinders Ranges. Diese Gebiete bilden eine wichtie biogeographische Grenzlinie, sowohl für die Tiere als auch für die Vegetation. Sie werden in zwei bedeutenden Parks geschützt. Der Flinders-Ranges-Nationalpark umfaßt das berühmte Wilpena Pound – ein Felsbecken, umrahmt von goldfarbenen Quarzitfelsen. Der Gammon-Ranges-Nationalpark ist die Heimat des hübschen Steinkänguruhs. Rote Riesenkänguruhs leben in den halbtrockenen Grasebenen und im Buschland um die Gebirge.

Australiens größtes Flußsystem, das Murray-Darling-System, entwässert die drei östlichen Bundesstaaten, bis schließlich der Murray alleine nach Südaustralien weiterfließt und das Meer über eine Serie großer Lagunen südlich von Adelaide erreicht. Im Nordosten werden die Flüsse Georgina und Diamantina und der Bach Cooper Creek nach tropischen Regenfällen in Queensland periodisch überflutet. Sie breiten sich auf dem Weg zur Depression des Eyre-Sees (–15,2 m) in einem erstaunlichen Netzwerk an Wasserstraßen, Seen und Seitenarmen aus. Der in der Nähe gelegene Witjira-Nationalpark bietet einen faszinierenden Eindruck von der trockenen Landschaft Australiens und mit der Oase Dalhousie Springs eine weitere Attraktion.

# Flinders-Chase-Nationalpark

## *Der Wilde Westen der Kangaroo-Insel*

Im Jahr 1919 gegründet, bedeckt der Flinders-Chase-Nationalpark einen großen Teil des Westens der Kangaroo-Insel. Sie ist Austaliens drittgrößte Insel und wird von der Fleurieu-Halbinsel südlich von Adelaide durch die enge Backstairs-Passage getrennt. Der Park ist 737 km² groß und breitet sich über ein sanftes, welliges Plateau mit am Rand ausgebildeten Dünen aus. Sein Sockel besteht aus hartem Granit und metamorphen Gesteinen. Der Park grenzt im Westen an das bewegte Meer.

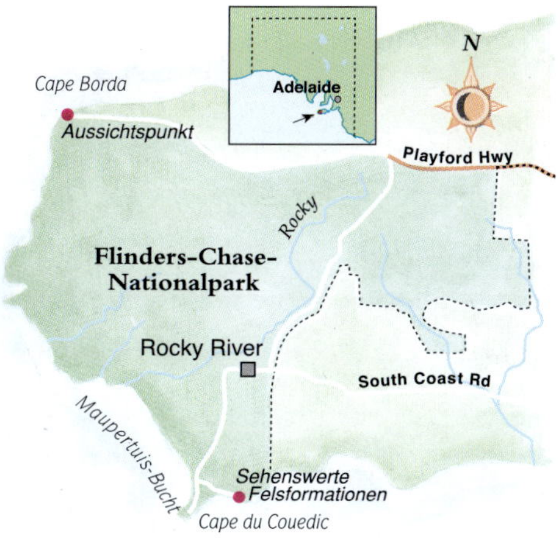


In den Hochlagen des Plateaus hat der Rocky auf seinem Weg zur Maupertuis-Bucht eine tiefe Schlucht eingeschnitten. Er bildet das größte Wassersystem im Park. Über dem Wasser hängen Sumpf- und Mannagummibäume, übersät mit kleinen weißen Blüten.

Die Vegetation im Nationalpark variiert zwischen gemischter Waldbewachsung entlang der Bäche und in den Feuchtgebieten und trockenen Fieberheilbaum-Büschen in den höheren Gefilden. Küstenheidelandschaft breitet sich landeinwärts vom Cape du Couedic im Süden und oberhalb der zerklüfteten Küstenlinie des Parks aus. Auf dem Grasland weiden zahllose Känguruhs, und auch Kap-Barren-Gänse halten sich hier auf.

### *Eine natürliche Zuflucht*

Die Kangaroo-Insel wurde vor 10 000 Jahren durch den Anstieg des Meeresspiegels vom Festland getrennt. Von den Aborigines verlassen und frei von großen Raubtieren, entwickelte sich die Insel zu einem sicheren Lebensraum für die Fauna. Sie ist so sicher, daß die sanften Grauen Riesenkänguruhs der Insel einen kräftigeren Körperbau entwickelt haben und deshalb langsamer geworden sind als die Känguruhs auf dem Festland. Eine große Zahl Tammar-Wallabies und Ameisenigeln lebt in der dominierenden Fieberheilbaum-Gebüschformation, und in den Heidelandschaften tummeln sich kleinere Säugetiere, so etwa das Zwergopossum und der Braune Nasenbeutler.

Berichte über reichliche Fauna und Seebärenkolonien brachten amerikanische Robbenfänger dazu, sich im Jahre 1803 auf der Insel anzusiedeln. Glücklicherweise haben sie und nachfolgende Siedler es vermieden, Kaninchen oder Füchse auf der Insel zu beheimaten; sie verließen den wilden westlichen Teil und den der Witterung ausgesetzten Süden ohne Veränderungen. Als die Wildtiere in Südaustralien gejagt wurden, starb das Toolache-Wallaby wahrscheinlich im Jahr 1924 aus. Flinders Chase wurde zum Zufluchtsort für die in Bedrängnis geratenen Tierarten des australischen Festlands. Fieberheilbaum-Eulen, Koalas, Schnabeltiere und Kap-Barren-Gänse wurden freigelassen und haben sich auf der Insel und im Park ausgebreitet. Heute wird man bei einem

Gegenüber: *Salzhaltige Meereswinde formten die Remarkable Rocks – mit leuchtenden Flechten überzogene Granitfelsen.*

Oben rechts: *Die Population der einstmals bedrohten Australischen Seelöwen,* Neophoca cinerea, *steigt wieder an.*

Vorangegangene Seiten:

112: *Die Heysen-Bergkette – nach dem Maler Hans Heysen benannt – verkörpert die Dramatik und die Farben des Flinders-Chase-Nationalparks.*

113: *Die auffallende Sturts-Wüsten-Erbse,* Clianthus formosus.

**Lage:** Westlicher Teil der Kangaroo-Insel, 90 km westlich von Kingscote, 200 km südwestlich von Adelaide.

**Klima:** Kühles, mediterranes Klima mit kalten, feuchten und windigen Wintern, warmen und trockenen Sommern.

**Reisezeit:** Jederzeit, aber am besten August-April. Wildblumenbeobachtung am besten August-November; beste Zeit zum Schwimmen und Angeln Oktober-April.

**Anreise:** Zur Insel auf dem Luftweg von Adelaide nach Kingscote. Autofähre von Cape Jervis. Straßenzugang auf der Insel zum Park von Penneshaw, American River und Kingscote über den Playford Highway oder die South Coast Road. Mietautos in den Städten erhältlich.

**Genehmigungen:** Campingerlaubnis und Buchungen für Übernachtungen in Leuchttürmen beim Nationalpark-Service in Adelaide oder Kingscote.

**Ausrüstung:** Campingausrüstung, Wanderschuhe, Hut, Sonnenschutz, Angel- und Schwimmausrüstung, Fernglas, warme Kleidung, Windjacke, Regenausrüstung.

**Einrichtungen:** Wohnwagencampingplatz (ohne Strom), Picknickeinrichtungen, Informationszentrum, Parkaufsicht, Wanderwege, begrenzte Wasserversorgung, Unterkünfte für Schulklassen, historisches Bauernhaus und Unterkünfte in Leuchttürmen. Volle Unterbringung in den Städten am Ostende der Insel.

**Tierbeobachtung:** Hohes Aufkommen an Wildtieren in Flinders Chase mit Känguruhs, Koalas, Ameisenigeln, Wombats, Schnabeltieren, Robben, Kap-Barren-Gänsen, Papageien, und Honigfressern. Wildblumenbeobachtung von August–November. Weitere Naturschutzgebiete in der näheren Umgebung auf der Insel.

**Besucheraktivitäten:** Zelten, Wildtierbeobachtungen, Fotografieren, Tageswanderungen, Nachtwanderungen, Strand- und Felsenangeln, Schwimmen.

Picknick am Rocky von neugierigen Känguruhs und Emus umringt, während man in der Nacht beim Zelten von Buschschwanzopossums besucht wird.

Wellen von klarem Wasser breiten sich über die glänzenden Teiche entlang des Rocky aus. Schnabeltiere tauchen an der Oberfläche während ihrer frühen und abendlichen Raubzüge nach Schalentieren und Libellennymphen unter den Baumstämmen und Kieselsteinen auf. Koalas wiegen sich während des Tages hoch oben in den Ribbon-Gummibäumen, während in der Nacht eine Vielfalt von Grunzern, Schnüfflern oder aufgeregten Kreischern auf männliche, sich kabbelnde Koalas hinweisen, die um ihr nächstes Weibchen zanken.

**Oben:** *Kap-Barren-Gänse,* Ceriopsis novaehollandiae, *haben keine nahen Verwandten. Sie nisten auf Grasbüscheln, u. a. auf der Kangaroo-Insel.*
**Oben rechts:** *Tammar-Wallabies,* Macropus eugenii, *sind auf der Insel weit verbreitet. Sie suchen Schutz im dichten Gestrüpp und in der Dunkelheit im Grasland nach Nahrung.*
**Rechts:** *Die Meeresbrandung hat Admirals Arch an der Felsküste des Cape du Couedic im Südwesten des Parks ausgearbeitet.*

## *Artenreiches Vogelleben*

Im Frühling erblühen die Küstenheidelandschaft und das Fieberheilbaum-Buschland, und mit dem Fluß des Nektars kommen die honigfressenden Vögel. Die vielfarbigen Lorikeets – der Kleine, der Moschus-, der Purpurschopf, der Regenbogen-Lorikeet und Braunköpfige, Singende, Weißohrige, Weißgefiederte, Neu-Holland- und Östliche Dornschnabel-Honigfresser schwärmen zum Rot und Rosarot der Waldschachtelhalme, den goldbraunen Banksias, den cremefarbenen Stacheln der Grasbäume, den wunderbar blühenden Eukalyptusbäumen, den Paperbarkbäumen, den Epakriden, den Reisblumen und vielen anderen Gewächsen.

Wasservögel, z. B. Trauerschwäne, Australische Pelikane und Sumpfvögel, vermehren sich sehr stark in den Insellagunen, während Bronzeflügeltauben, Rotkehlchen und Buntscheckige Zaunkönige durch Gestrüpp und Fieberheilbaum-Buschland flattern. Der Nationalpark ist auch Heimat einer isolierten Population der seltenen Braunköpfigen Rabenkakadus und der Westlichen Wippflöter. Die große Silhouette dieser Kakadus kann man ab und zu sehen, wenn sie mit langsamem Flügelschlag und ihrem melancholisch-heiseren Geschrei über den Park ziehen.

## *Das Cape du Couedic und die Küste*

Der Parkservice vermietet die Wärterhäuschen der inzwischen vollautomatisierten Leuchttürme am Cape du Couedic. Es ist die perfekte Unterbringung für Gäste, die die niedlichen Possen der angesiedelten Seebären aus Neuseeland beobachten möchten. Selbst das laute Tosen des Meeres kann das aufgeregte, schrille Bellen der Seebärenkolonien nicht übertönen. Ihre Bestände haben sich nach wüstem Abschlachten im 19. Jahrhundert wieder erholt. Auch hier hat das wilde Meer an der Küste in den Wintern prachtvolle Gesteinsskulpturen ausgehöhlt. Der Mighty Admirals Arc am Cape du Couedic wurde über Jahrzehnte vom Wind und den Wellen des Meeres herausgearbeitet, und die Remarkable Rocks liegen da, als seien sie von einer gigantischen Hand auf der aufgedomten Landspitze von Kirkpatrick Point plaziert worden. Diese riesigen Granitberge, die durch Flechten rot erscheinen, wurden von den salzhaltigen Winden und Wellen ausgehöhlt. Entlang der Küste halten Fischadler und Weißbauch-Seeadler Ausschau über gewundene weiße Strände. Die West Bay Road führt den Besucher des Rocky zu den Ausgangspunkten einiger Wanderwege, die zu wunderschönen Buchten, Stränden und Höhlen führen. Der Shackle-Wanderweg trifft mit dem Playford Highway zusammen und führt zum Cape-Borda-Leuchtturm.

Oben: *Der bröckelige Kalkstein (Kalkarenit) im Süden der Kangaroo-Insel löst sich in Höhlen auf, wie hier in der West-Bucht.*

Rechts: *Ein vom Licht des Sonnenuntergangs überfluteter, heute vollautomatisierter Leuchtturm – die dazugehörigen Häuschen werden an Besucher vermietet.*

Folgende Doppelseite: *Harveys Return ist eine von vielen unberührten Buchten, die auf die Schnorchler wartet.*

# Flinders-Ranges-Nationalpark

## *Inspiration für Künstler und Naturfreunde*

Die Flinders-Bergkette verläuft nördlich des Spencer-Golfs durch Wald, Busch und Grasland bis zum Randgebiet der Strzelecki-Wüste. Wälder aus Sandarakzypressen und Berg-Coolibahs gedeihen in den kühleren und feuchteren Schluchten und Südhängen der Berge. Sie stehen im scharfen Kontrast zum Graugrün von Fieberheilbäumen und Blaubüschen in der umliegenden Buschlandschaft.

Als einer der drei großen Nationalparks in der Bergregion ist der Flinders-Ranges-Nationalpark – 160 km landeinwärts von Port Augusta entfernt – sehr bekannt. Die Ausbreitung seines welligen Hügellandes erstreckt sich über den nordöstlichen Teil des Parks, während sich weiter im Süden große rote Reihen von zerborstenen Klippen und Terrassen mit vielfarbigen Schluchten und Canyons über den trockenen buschbedeckten Ebenen erheben.

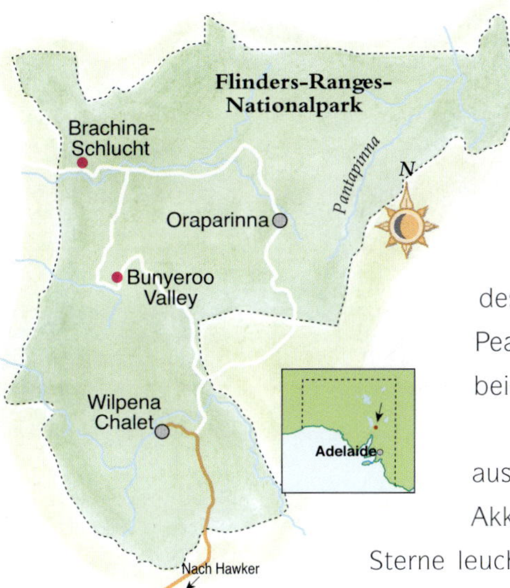


Am Südende des Parks befindet sich das riesige, ovale Tal Wilpena Pound, das zu den bekanntesten Orten in Südaustralien zählt. Dieses Becken mit goldfarbenen, bis zu 500 m hohen Quarzitfelsen ist ein Ort von besonderer Bedeutung für die Adnyamathanha-Aborigines (»Menschen der Berge«). Der Pound wurde ab 1945 nationales Erholungsgebiet, 1972 wurde die in der Nähe gelegene »Oraparinna«-Station hinzugefügt, um 900 km² des heutigen Nationalparks Flinders Ranges zu schaffen.

Gegenüber: *Die Felswände des Wilpena Pound umrahmen ein beckenförmiges Tal, aus dem ein Bach entspringt.*

Oben rechts: *Der Keilschwanz-Adler, oft über den Klippen des Parks zu sehen, hat eine Flügelspanne von bis zu 2,5 m.*

### *Das Land der Schlangenlegende*

Die Adnyamathanha-Aborigines glauben, daß in grauer Vorzeit zwei bedeutende Vorfahren der Schlangen, die Akkuras (oder Arkaru) aus dem Norden kamen, um sich bei den zeremoniellen Versammlungen in den Hügeln in der Umgebung von Wilpena einzufinden. Sie kampierten an einer Wasserstelle neben einem Bergrücken, und nachdem es dunkel war, hoben sie ihre Köpfe, um über das Land zu sehen. Wenn man nach Wilpena Pound fährt, kann man diese spektakulären Gipfel oberhalb des Tals im Norden sehen – St. Marys Peak und Beatrice Hill – die Köpfe der beiden Akkuras.

Von ihren zeremoniellen Lagerfeuern aus sahen die Menschen die Augen der Akkuras über den Hügeln wie glänzende Sterne leuchten. Sie waren das Signal für den Beginn der Zeremonie. Die beiden Akkuras trennten sich, um die Menschen zu umrunden. Ihre großen Körper umzingelten die versammelten Menschen, kamen über sie wie kräftige Wirbelwinde und verschlangen alle Anwesenden, bis auf zwei Eingeweihte, die in Richtung Osten flüchteten. Die Wände des heutigen Pound erinnern an die zusammengerollten Körper aus der Schlangenlegende.

### *Natürliche Unterkunft*

Genauso wie der Pound Symbol der Landschaft von Flinders Ranges ist, so stehen die alten River-Red-Gummibäume als Symbol für die Pflanzen des Gebiets. Diese prachtvollen, viele hundert Jahre alten Veteranen von Flut und Stürmen hängen verbissen über den Ufern der Bäche Aroona, Brachina und Wilpena, die sich wie die meisten Wasserwege durch den Park schlängeln. Einer

**Lage:** In der zentralen Flinders-Bergkette, 480 km nördlich von Adelaide und 160 km nordöstlich von Port Augusta.

**Klima:** Halbtrocken; der durchschnittliche Regenfall von 250–350 mm pro Jahr verteilt sich gleichmäßig auf die Sommerstürme und die leichten Regenfälle im Winter. Lange, heiße Sommer, kühle Winter mit gelegentlichem Frost.

**Reisezeit:** Jederzeit, aber am besten in den kühleren Monaten April-Oktober. Blumen Juli-September.

**Anreise:** Asphaltierte Straßen nach Hawker und Wilpena von Port Augusta, auf dem Highway 1 und Wilmington. Die übrigen Straßen sind unbefestigt, um die Schluchten am besten mit Allradantrieb passierbar.

**Genehmigungen:** Campinggebühr und Genehmigung vom Parkservice im Verwaltungszentrum Oraparinna oder in Adelaide. Feuerverbot kann erteilt werden.

**Ausrüstung:** Campingausrüstung, Wasserflasche, feste Wanderschuhe, Kartenmaterial, Erste-Hilfe-Kasten, breitkrempiger Hut, Sonnenschutz, Filme, Fernglas.

**Einrichtungen:** Parkaufsicht, Wanderwege und markierte Routen, Campingplätze mit minimaler Ausstattung, Informationszentrum in Oraparinna und Hawker, das Wilpena Motel (Buchungen beim Touristenbüro von Südaustralien) hat einen Kiosk, Unterbringung mit bester Ausstattung in Hawker.

**Tierbeobachtung:** Wildtiere sind allgegenwärtig, aber die Yanyanna- und die Bunyeroo-Schlucht sind besonders gut für Beobachtungen. Halten Sie Ausschau nach Roten Riesenkänguruhs, Euros und Gelbfuß-Felswallabies, 35 Reptilien- und über 100 Vogelarten, darunter viele Papageien.

**Besucheraktivitäten:** Autotouren, Wandern, Wildtier-, Vogelbeobachtung und botanische Studien.

Oben: *Schwärme von Rosenkakadus,* Cacatua roseicapilla, *sind oft von den Straßen aus zu jeder Tageszeit und abends am Wasser zu sehen.*
Rechts: *Die einheimische Weiße Sandarakzypresse,* Callitris glauca, *ist in den Flinders Ranges weit verbreitet.*
Ganz rechts: *Australiens größter Vogel, der flugunfähige Emu,* Dromaius novaehollandiae, *ist in den halbtrockenen Gebieten von Australien beheimatet.*

der Gummibäume ist für ewig in Harold Cazneaux' preisgekrönter Schwarz-weiß-Fotografie »Spirit of Endurance« von 1931 verewigt.

In den Schluchten des Brachina, des Bunyeroo und des Edeowie finden Tausende von Rosenkakadus, Little Corellas, Gelbhaubenkakadus und Mallee-Ringneck-Papageien Schutz. Sie nisten in den Aushöhlungen der River-Red-Gummibäume und ernähren sich von Knospen, Blumen, Nektar und Samen.

## *Adler im Wind*

Mit der Erwärmung der Klippen nach Sonnenaufgang beginnt die kühle Luft von den Bächen aufzusteigen. Von einem großem Nest aus Zweigen hoch oben in einem River-Red-Gummibaum erhebt sich ein alter Keilschwanz-Adler in die Lüfte. Dieser Verwandte des Goldenen Adlers steigt einige tausend Meter auf, um mit seinen scharfen Augen in den Felsvorsprüngen nach wohlschmeckenden wilden Zicklein, Gelbfuß-Felsenwallabies oder unvorsich-

tigen Eidechsen Ausschau zu halten. Diese stattlichen Vögel dabei zu beobachten, wie sie mit dem Wind spielen, ist ein besonderes Erlebnis während Wanderungen und Klettertouren auf den hohen Bergrücken des Wilpena Pound – wegen der 26 Gipfel auch als ABC-Bergkette bezeichnet. Man findet eine sonderbare Mixtur von Vogelarten – aus dem trockenen Inland, aus dem temperierten Süden und sogar aus dem Osten und dem Westen kommen sie. Insgesamt sind es über 200 Arten.

## *Akkuras Geheimnis auf der Spur*

Purpurfarbene Schatten wischen über goldfarbene Steilhänge unter dem azurblauen Himmel. Die stachelige Koniferengestalt der einheimischen Sandarakzypresse steht im Kontrast mit den sich im Kronendach wiegenden River-Red-Gummibäumen und einem Regiment kleinerer Eukalyptusbäume, die kraftvoll auf den Hügeln stehen. An anderen Orten zeigt der Bestand an Färbereichen ganz deutlich, daß der Boden auf Dolomit entstanden ist. Sonnengetrocknetes Gras, Grasbäume und Akazien verhelfen zu einer wahrlich australischen Atmosphäre.

Einer der wohl berühmtesten australischen Aquarellmaler, Sir Hans Heysen, hat viele Inspirationen durch diese Berge und ihre Gummibäume erhalten. Er ist so mit dieser Gegend verbunden, daß sogar ein Wanderweg, der Heysen Trail, nach ihm benannt wurde. Dieser beginnt südlich von Adelaide und durchzieht die Flinders Ranges in voller Länge. Nach Schwierigkeitsgraden eingeteilte und markierte Wanderwege durch den Park beinhalten harte 6- bis 10-Stunden-Wanderungen, die zu Orten wie dem St. Marys-Gipfel (Akkuras Kopf), der Edeowie-Schlucht und dem Black Gap führen. Außerdem gibt es eine große Zahl kürzerer Wanderungen in die Wildtiergebiete und zu den Aussichtspunkten. Jedoch trüben die hohen Temperaturen im Sommer gemütliche Wanderungen während der Monate Mai bis Oktober.

**Oben:** *Wilpena Pound erstreckt sich vom Wanderweg bis hin zum St. Mary's Peak.*

**Unten links:** *Kunstwerke der Aborigines sind in den Arkaroo-Felsen außerhalb des Pound in der Heysen-Gebirgskette eingeritzt.*

# Gammon-Ranges-Nationalpark

## *Heimat des gelbfüßigen Felsenkänguruhs*

Der Gammon-Ranges-Nationalpark wurde 1970 gegründet; das 1282 km² große Gebiet war von einem Pfarramt gepachtet. Es ist eine wundervolle, halbtrockene Berglandschaft. Aus der Luft sehen die erhabenen Bergketten – die nördlichsten der Flinders Ranges, 750 km nördlich von Adelaide entfernt – wie ein Strudel aus rotem, braunem und weißem Gestein aus, das kreisförmig von einer riesigen Hand umgerührt wurde. Hie und da überzieht ein Mosaik aus einheimischen Sandarakzypressen, Fieberheilbaum-Gebüschformationen, Buschland, Bluebush und Mulga die rauhe Landschaft.

Der Gammon-Ranges-Nationalpark, der sich von den Bergketten im Osten in einem breiten Korridor zum Rand des riesigen Frome-Salzsees erstreckt, weist eine Mannigfaltigkeit an Landschaftsformen und Lebensräumen auf wie kein anderer Park in Südaustralien. Salzseen, Ebenen, Dünen, Schluchten, Teiche, Gebirge, Plateaus, baumgesäumte Flußläufe und ständig sprudelnde Quellen bieten die Lebensgrundlage für eine Vielzahl von Tieren, wie z. B. das gefährdete gelbfüßige Felsenkänguruh. Die Gammon Ranges und das angrenzende Gebiet Arkaroola schützen die größten Vorkommen der verbliebenen Population dieses schönen Tieres.

### *Leben in der Wildnis*

Der Gammon-Ranges-Nationalpark ist einer der am wenigsten erschlossenen Parks in Südaustralien. Dafür vermittelt er das Erlebnis einer ausgedehnten Wildnis. In dieser rauhen, aber schönen Landschaft ergießen sich Rinnen, Schluchten und Bäche, die von alten River-Red-Gummibäumen gesäumt sind, in die Ebenen im Osten des Parks und bilden dort große, verzweigte Deltas, ehe sie im mörderischen weißen Salz des Frome-Sees enden.

Fast während des ganzen Jahres sind die Bäche und Rinnen trocken. Nur manchmal, tief im Schatten der Weetootla-, der Italowie- und der Arcoona-Schluchten ist das Glitzern des Wassers zu sehen. Das Leben in diesem Gebiet hängt von den permanenten Wasserstellen ab – sie sind gekennzeichnet durch den Purpurgetüpfelten Gründling, ein Fisch mit herrlichen Farben – und von den verstreut liegenden Quellen.

An Bergquellen, die schlimmste Dürrekatastrophen überstanden haben, finden sich Spuren von Roten Riesenkänguruhs aus den Ebenen, Euros aus den Bergen und gelbfüßigen Felsenkänguruhs aus den zerklüfteten Terrassen und Höhlen. Diese Riesenkänguruhs können gewöhnlich oben am Balcanoona-Bach und in anderen Schluchten im Frühling in den frühen Morgenstunden gesichtet werden; bei heißerem Wetter halten sie sich in der Abenddämmerung am Wasser auf.

Auch Vögel versammeln sich um die Wasserstellen in den Schluchten und den Dämmen der alten Schafstation – Riesenmengen von Corellas, die in Tausendschaften auftreten, Hunderte von Rosenkakadus, Schwärme von Wellensittichen und große, träge Rabenkakadus, deren Stimmen wie rostige Maschinen klingen.

### *Wo die Geschichte spricht*

Obwohl der Gammon-Ranges-Nationalpark zum größten Teil aus Wildnis besteht, ist er mit Hinweisen auf Menschen, die diese Berge begingen, übersät – myste-

Gegenüber: *Der rauhe Charakter der Gammon Ranges birgt wilde Schluchten und zeitlose Aborigines-Kunst.*

Oben rechts: *Das gelbfüßige Felsenkänguruh,* Petrogale xanthopus, *ist wohl Australiens hübschestes Tier.*

**Lage:** Im Norden der Flinders-Bergketten, 750 km nördlich von Adelaide.

**Klima:** Trocken mit kalten Wintern und sehr heißen Sommern. Sehr intensive Regenfälle mit flutartigen Überschwemmungen.

**Reisezeit:** April-Oktober am besten für Wanderungen. Wildblumen nach heftigen Regenfällen. Wildtiere vor allem am Wasser in Dürreperioden.

**Anreise:** Gute Straßen zur Parkverwaltung in Balcanoona und zu den Picknickplätzen in den Randgebieten, von Adelaide über Hawker, Copley und Nepabunna oder über Yunta und »Wertaloona«. Allradantrieb-Pisten.

**Genehmigungen:** Campingerlaubnis von der Parkverwaltung und dem Parkbüro in Hawker. Kontaktieren Sie den Parkaufseher, ehe Sie die Allrad-Straßen benutzen.

**Ausrüstung:** Trinkwasser, Erste-Hilfe-Kasten, breitkrempiger Hut, Sonnenschutz, leichte Kleidung mit warmer Wechselkleidung für kalte Winternächte, Wanderschuhe, Landkarten im Maßstab 1 : 50 000, Kompaß, Campingausrüstung, Fernglas.

**Einrichtungen:** Die Aborigines-Parkaufseher bieten gründliche Informationen über den Park, Picknickplätze in den Randgebieten, Allradantrieb-Pisten. Unterbringung in Hütten und in Schafscherergebäuden in Balcanoona, Buchungen in Hawker unbedingt notwendig. Motel und Campinggelände in Arkaroola. Aufgegebene Bergbaustätten.

**Tierbeobachtung:** Das gelbfüßige Felsenkänguruh kann im Balcanoona-Bach und anderen Schluchten im Frühling am frühen Morgen gesichtet werden; bei heißem Wetter ist es eher abends am Wasser zu sehen. Euros und Rote Riesenkänguruhs, Tauben, Weißflügel-Zaunkönige und Keilschwanz-Adler sind weit verbreitet. An den Wasserstellen ist Ruhe einzuhalten.

**Besucheraktivitäten:** Tierbeobachtung, Campen, botanische Studien, Picknicken, Allrad-Touren, Wandern.

Rechts: *Eine Wolke Tausender Kleiner Corellas,* Cacatua pastinator, *fliegt Richtung Grasland im Gammon-Ranges-Nationalpark.*
Unten: *Die Fromes-Schlucht ist typischer Lebenraum des Felsenkänguruhs.*

riöse Steinpyramiden, einsame Gräber an den Straßen, Steingravuren, deren Bedeutung vor Tausenden von Jahren verloren gingen, auf dem Munyi in härtestem Quarzit.

An Pisten in die entlegenen Gebiete des Parks sieht man Rinnen im Erdboden, an denen Salz emporquoll; hier suchten Minenarbeiter nach Kupfer, Blei und Gold. In Kalksteinhöhlen wurde Guano gefördert und als Dünger verwendet. Auftürmende Kamine krönen die Ruinen der Kupfer-Schmelzhütten in Yadnina und Bolla Bollana. Und hoch oben auf dem Mount McKinlay stehen die jüngsten Ruinen eines Observatoriums, das für das »Internationale Biophysikalische Jahr« gebaut wurde.

## *Die Gammon-Ranges erleben*

Vom Parkverwaltungsgebäude in Balcanoona, am Rande der Ebene im Osten, führt eine gut befahrbare Schotterstraße durch die Italowie-Schlucht Richtung Westen. Diese Straße klettert neben der Schlucht in ein hohes, breites Tal hinauf, überquert dabei den Bach mehrmals, bis sie die welligen Grashügel von Nepabunna erreicht. Diese aufblühende Aborigines-Gemeinschaft ist die Heimat einiger vom Staat ausgewählter Viehzüchterfamilien. Die Adnyamathanha-Aborigines leiten auch den Park.

Eine weitere gute Straße führt in Richtung Norden nach Arkaroola – eine private Anlage, die Unterkünfte, einen Campingplatz, ein Geschäft und Touren durch den Park anbietet. Holprige Strecken für Allradantrieb gabeln sich auf verschiedenen Wegen in die hochgelegene Wildnis bis ins Herz der Gammon Ranges, wo der Arkaroola-Bach, der Arcoona-Bach und der Balcanoona-Bach entspringen. Dieses schwere Terrain ist sogar für gut vorbereitete Wanderer eine Herausforderung. Nachts kann man zuweilen eine gedämpftes Brüllen hören. Die Aborigines meinen, es sei Arkaru, die Schlange, die auf Raubzug ist, oder Mandya, der Euro, der sein Revier behaupten will.

# Witjira-Nationalpark

## *Der Geist des Hinterlandes*

Durch Beschränkungen, wie etwa das Verbot für bestimmte landwirtschaftliche Nutzungsformen, ging Südaustralien als erster Staat vehement gegen den schnellen Verfall seiner trockenen Gebiete vor. Heute sind 100 000 km² dieses sensiblen Landes in Nationalparks, Naturschutzgebieten und regionalen Reservatsystemen geschützt.

Der Witjira-Nationalpark, mit seiner riesigen Wüstenlandschaft aus Ebenen, Sanddünen, vertrocknetem Tafelland und Salzpfannen, ist das am besten zugängliche und meistbesuchte Trockengebiet. Es ist im Sommer ein versengtes Land, im Winter sind die Tage warm und kristallklar mit kalten, sternklaren Nächten. Eine Reise durch diese wüstenhafte Wildnis dunkler Farben mit reicher Blüte nach einem Regen, mit unerwarteten Begegnungen mit Wildtieren und der stillen, rauhen Schönheit bleibt unvergeßlich.

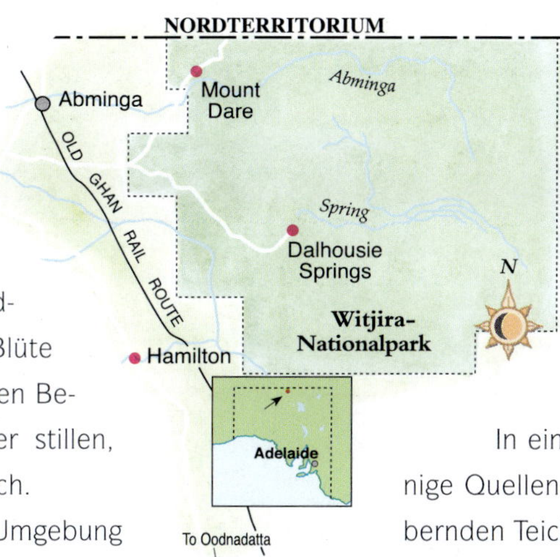


Wenn eine rauhe und trockene Umgebung auch sehr beeindruckend sein kann, so zieht doch die Oase der Dalhousie-Quellen die meisten Besucher in dieses entlegene Gebiet. Diese einzigartige Wasserstelle wurde von Nicht-Aborigines zum ersten Mal im Jahre 1870 gesichtet, als die Überland-Telefonleitungen verlegt wurden. Das 7769 km² große Gebiet wurde im Jahre 1985 zum Nationalpark erklärt; es umfaßt auch Mount Dare, die ehemalige Pachtung eines Pfarramts. Der Park erstreckt sich südlich der Grenze zum Nordterritorium und liegt 280 km südlich des Stuart Highway, der von Adelaide nach Alice Springs führt.

### *Wüstenoase*

Tief unterhalb der heißen, trockenen Oberfläche des Witjira-Nationalparks befindet sich ein enormes Grundwasserreservoir – das Große Artesische Becken, das eine unterirdische Ausbreitung von 23% der Gesamtfläche Australiens hat. Über 30 000 Bohrlöcher wurden über das Becken verteilt. Inzwischen ist der Wasserdruck gesunken und viele Quellen sind versiegt. Einst wiegten sich große, grüne Schilfrohr-Felder im Wind, und große Wasserbecken waren über die Landschaft verstreut. Aber das heute wesentlich kleinere Gebiet um Dalhousie Springs ist immer noch wichtiger Lebensraum für zahlreiche Tiere. Viele Schilfbestände und Teiche sind verschwunden; es gibt aber in dieser sanft gewellten Landschaft immer noch 60 aktive Quellen. Bezaubernde Dattelpalmenhaine, die vor mehr als 100 Jahren von afghanischen Kameltreibern kultiviert wurden, sind über das Gelände verstreut.

In einem Gebiet von ca. 70 km² sind einige Quellen nur kleine Sickerlöcher. Die blubbernden Teiche sehen wie kleine Krater aus. Sie werden von Schilfrohr und anderen Pflanzen gesäumt. Die Wassertemperaturen in den Teichen liegen zwischen 30 und 46 °C; die stärkste Quellschüttung beträgt etwa eine halbe Million Liter in der Stunde.

Die Teiche und Becken bieten vielen Tierarten Lebensraum. Da sie voneinander isoliert sind, enthalten sie zahlreiche endemische Arten von Wirbellosen. Drei Fischarten, darunter der endemische Dalhousie-Ährenfisch, leben in den großen Teichen.

### *Tierleben im Dalhousie-Gebiet*

In der Oase wurden mehr als 50 Vogelarten bestimmt. Dazu gehören einige Ibisarten, wie z. B. der Heilige Ibis. Sie bewegen sich durch das schlammige Gelände und picken mit ihren langen, krummen Schnäbeln nach Würmern und Muscheln. Eine weitere verbreitete Vogelart ist der bedrohte Australische Bussard. Nach Regenfällen sind drei Arten von Schilfrohrsängern zu sehen; sie flat-

Oben rechts: *Die widerstandsfähige Tomate, Solanum sp., lebt in den Sandwüsten des Witjira-Nationalparks.*

**Lage:** 280 km östlich des Stuart Hwy., erstreckt sich südlich der Grenze zum Nordterritorium bis 186 km nördlich von Oodnadatta.

**Klima:** Wüstenhaft; heiße Sommer bis 50 °C, sehr niedrige Luftfeuchtigkeit. Warme, klare Wintertage; kühle bis kalte Nächte. Regen selten; mittlerer Jahresniederschlag um 150 mm.

**Reisezeit:** Die extreme Sommerhitze muß unbedingt gemieden werden. April-September angenehm.

**Anreise:** Auf nicht asphaltierter Straße von Cooper Pedy oder auf dem Stuart Hwy. von Maria Richtung Oodnadatta (letzte Tankstelle), Hamilton und Dalhousie Springs; oder von Kulgera auf dem Stuart Hwy. nach Finke, Charlotte Waters, Mount Dare (letzte Tankstelle) und Dalhousie Springs. Nicht von Queensland in Richtung Westen fahren, steile Dünen sind nicht passierbar. Allradantrieb benutzen.

**Genehmigungen:** »Wüstenpaß« (Wüstenhandbuch mit aktuellen Erläuterungen zu den Straßen, Landkarten und Infos) ist bei der Parkaufsicht in Hawker erhältlich. Zur Sicherheit muß die geplante Route dort vor Antritt der Reise hinterlassen werden.

**Ausrüstung:** Stets genügend Wasser; Allradantrieb und Ersatzkanister für Benzin, Ersatzteile und Kenntnisse im Fahren in der Wüste. Erste-Hilfe-Kasten, GPS-Ausrüstung, Camping-Ausrüstung, leichte Kleidung, feste Schuhe oder Stiefel, Hut, Sonnenschutz, Insektenschutzmittel, Fernglas, Landkarten mit großem Maßstab, Proviant.

**Einrichtungen:** Campingplätze, Parkaufsicht mit Radiosender. Tankstellen in Mount Dare und Oodnadatta; einige Unterkünfte in Mount Dare.

**Tierbeobachtung:** Vögel und Säugetiere können in der Dämmerung an Gewässern beobachtet werden. Wasservögel sind an Teichen nahe den Quellen zu sehen, Dingos, Rote Riesenkänguruhs, Euros und Adler fast jederzeit. Reptilien im Frühling und Herbst.

**Besucheraktivitäten:** Naturstudien, Kulturstudien der Aborigines, Allrad-Touren, Camping, Wanderungen.

Oben: *Weite Ebenen, roter Kies, glänzender Wüstensand und Spinifex-Gras sind typisch für den Witjira-Nationalpark.*
Rechts: *Die Quellen von Dalhousie Springs sind ein guter Ausgangspunkt für Wanderungen in den Park.*
Unten: *Das Reptil* Varanus giganteus *zählt zu den größten Echsen der Erde.*

tern wie gigantische Schmetterlinge über die Ebenen und das Buschland. Dunkelbraune Stelzenbrachschwalben schwingen sich mit ihren schlanken Flügeln in die Luft.

20 Arten einheimischer Säugetiere sind im Nationalpark verbreitet. Die meisten von ihnen sind – den Temperaturen entsprechend – entweder nachtaktiv oder leben unterirdisch, fernab von den Quellen. Zarte Spuren im Sand sind alles, was die meisten Besucher von diesen Tieren mitbekommen. Bisher weiß man von 36 Reptilienarten, angefangen bei den bis zu 2,5 m langen Perentie-Waranen, die häufig auf Kaninchenjagd zu sehen sind, bis hin zu zarten Geckos und Glattechesen.

## *Leben in Witjira*

Witjira bedeutet in der Sprache der hier lebenden Aborigines soviel wie Teebäume; diese überragen Dalhousie Springs. Als die ersten Nicht-Aborigines 1870 hierher kamen, fanden sie an vielen Stellen Anhaltspunkte dafür, daβ hier Aborigines lebten. Von Europäern eingeschleppten Krankheiten fielen viele Einheimische zum Opfer. Außerdem beendete die Zerstörung von Wüstenquellen durch extensive Beweidung die Lebensweise des saisonalen Wanderns der Einheimischen.

Das Zusammenleben von Schafen und Rindern auf dem ehemals verpachteten Weideland mit wilden Pferden, Eseln und Kamelen hat die ökologisch sensible Landschaft nachhaltig geschädigt. Früher lebte hier im Schnitt ein Rotes Riesenkänguruh auf 5 $km^2$. Unter seinem neuen Status als Nationalpark regeniert sich das Gelände allmählich.

Oben: *Nach Regenfällen füllen sich Mulden in der Tonerde mit Wasser und bieten Lebensraum für Wassertiere, wie Garnelen.*
Links: *Die meisten Seen im Witjira-Nationalpark und in der Simpsonwüste trocknen beim Ausbleiben von Niederschlägen aus. Ihr auskristallisiertes Salz glänzt in der Sonne.*

# WEST-AUSTRALIEN

Westaustralien ist mit einer Fläche von 2 525 500 km² (ca. ein Drittel der Fläche Australiens) der bei weitem größte der Bundesstaaten und -territorien. Er erstreckt sich vom 129. Grad östlicher Länge westwärts bis zum Indischen Ozean und umfaßt mehrere Klimazonen – vom monsungeprägten Kimberley-Plateau im tropischen Norden über das riesige trockene Binnenland bis hin zum gemäßigten Südwesten.

Westaustralien ist zwar größtenteils flach, doch gibt es drei gebirgige Regionen. Das zerschnittene Bergland des Kimberley-Plateaus im Norden erreicht bis 980 m Höhe. In der von tiefen Tälern und Schluchten zerfurchten Landschaft existieren unterschiedlichste Lebensräume mit einer vielfältigen Tier- und Pflanzenwelt. Anders als die kurzen Küstenflüsse südlich des Murchison werden die Wasserläufe im Kimberley-Plateau in der Regenzeit zu reißenden Strömen. Am östlichen Rand schützt der Purnululu-(Bungle-Bungle-)Nationalpark eine atemberaubende Landschaft mit gestreiften, bienenkorbförmigen Hügeln. Weiter südlich erhebt sich im Gebiet von Pilbara/Hamersley der höchste Berg des Staats (Mt. Meharry, 1251 m) mit weiten Hochebenen, die von tiefen, engen Schluchten durchzogen sind. In der dritten Region, im Süden und Südwesten, sind mit die ältesten Gesteine der Erdoberfläche zu finden.

Die rund 12 500 km lange Küste ist sehr vielgestaltig. Die stark gegliederte Kimberley-Küste im Norden ist zerklüftet und gebirgig. Weiter südlich gehen die längsten Strände des Kontinents in eine etwa 200 km lange und tief gelegene, aus Kalkgestein aufgebaute Küste über; sie umfaßt die ausgedehnten Gewässer der Shark-Bucht-Welterbestätte sowie die eindrucksvollen Zuytdorp-Klippen.

Die Küstenabschnitte im Südwesten und im Süden stellen sich mit ihren großen Höhenunterschieden wiederum ganz anders dar. Sie weisen einen großartigen Archipel und Granitvorsprünge auf, die bis zur »Walbeobachtungs-Küste« des Fitzgerald-Nationalparks und des Weltbiosphärenreservats führen. Dieses ist Lebensraum für mehr als die Hälfte aller Wildblumenarten des Staats. Die berühmte Pflanzenwelt von Westaustralien unterscheidet sich stark von der Ostaustraliens, da sich zwischen beiden Regionen ein breiter Wüstengürtel erstreckt.

# Fitzgerald-River-Nationalpark

## *Eine Wunderwelt der Pflanzen*

Der Fitzgerald-River-Nationalpark liegt an der Südküste Westaustraliens und erstreckt sich 95 km westwärts von der Gegend um Hopetown bis 180 km östlich der alten Walfängerstadt Albany. Das Herz dieses 3290 km² großen Parks bildet eine ausgedehnte, hauptsächlich von Heidevegetation bewachsene und von einigen Waldgürteln durchzogene Sandebene. Vier Flußsysteme – West, Fitzgerald, Hamersley und Gairdner – bahnen sich in tiefen Tälern einen Weg durch das trockene, von Hartlaubgewächsen geprägte Hochland, bevor sie durch die Ebene mäandrieren und sich in die Barrens einschneiden. Dieses zerklüftete, häufig steil abfallende, aus Quarzit bestehende Gebirge erstreckt sich entlang der Meeresküste und erhebt sich bis zu 500 m über die Ebene. Im Küstenbereich werden die ruhigen Lagunen und die sandigen Strände an den Buchtenvorsprüngen und an Flußmündungen von atemberaubenden Felsformationen unterbrochen.

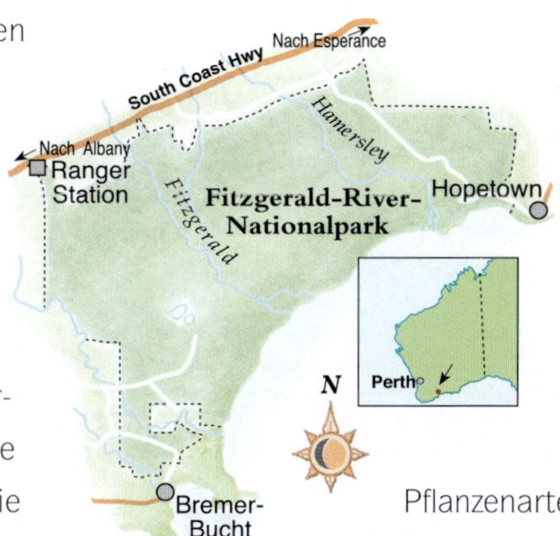


Neben der eindrucksvollen Landschaft bietet der Park, der nur 0,2 % von Westaustralien ausmacht, rund 20 % aller in diesem Bundesstaat einheimischen Pflanzen. Die Bedeutung dieses Gebiets wurde erstmals 1954 erkannt, als 2900 km² zum Reservat erklärt wurden. Fünf Jahre nachdem er 1973 den vollen Status eines Nationalparks erhalten hatte, wurde der Fitzgerald zu einem Weltbiosphärenreservat erklärt – als Anerkennung für die große botanische Bedeutung dieses blumenübersäten Parks.

Gegenüber: *Der Drummond-Weg führt durch die weiten, blühenden Heideländer des Fitzgerald-River-Nationalparks.*
Rechts oben: *Einseitiger Waldschachtelhalm,* Calothamnus sp.
Vorangegangene Seiten:
130: *Eine Yacht vor der Peron-Halbinsel, die aus den flachen Buchten der Shark-Bucht-Welterbestätte hervorspringt.*
131: *Rote und Grüne »Känguruhpfote«, Anigozanthos manglesii, das blühende Wahrzeichen Westaustraliens.*

### *Warum gibt es so viele Wildblumen?*

Die vielfältige Landschaft des Fitzgerald-River-Nationalparks liegt im Bereich zweier Niederschlagsgradienten; von West nach Ost und vom Meer landeinwärts nehmen die Niederschlagsmengen schnell ab. Die Kombination vieler verschiedener Böden und starker Klimaveränderungen in den letzten Jahrmillionen mit extrem schwankenden Regenfällen und wechselndem Profil und Aussehen ließ eine außergewöhnlich vielfältige Flora entstehen. Von den 1800 bisher im Park entdeckten Pflanzenarten sind mindestens 75 hier endemisch.

Aufgrund der Seltenheit vieler dieser Pflanzen und der von Sammlern ausgehenden Gefahr sowie der Zerstörung des umliegenden Lebensraums wurde der Fitzgerald-River-Nationalpark bundes- wie landesweit als wichtigstes Pflanzenschutzreservat im Südwesten Australiens anerkannt.

### *Blumenwanderungen*

Von Juli bis November ist die Blumenblüte am eindrucksvollsten. Der Hamersley Drive führt zu mehreren Blumenwanderwegen, u. a. zum West Beach, zum Mylies Beach und zu den Wegen am East Mount Barren, wobei schon der Straßenrand eine üppige Pflanzenwelt beherbergt.

Die Akazien blühen zuerst; mit ihren hellgelben Blüten überziehen sie die Hänge; danach blühen die ungewöhnlichen »Känguruhpfoten«, die feuerroten Hakeas und Eukalyptus, besonders die Fieberbäume. Viele der 208 Myrtengewächsarten im Park, besonders der Eukalyptus, stehen im Sommer in Blüte. Orchideen blühen am schönsten nach Buschfeuern und von Juni bis August. Im

**Lage:** Südküste von Westaustralien, 187 km östlich von Albany über Mount Maxwell und 246 km westlich von Esperance über Hopetoun.

**Klima:** Mediterranes Klima; kühle, feuchte und windreiche Winter; heiße und trockene Sommer mit zeitweilig vorherrschenden trockenen Nordwinden.

**Reisezeit:** Für Wildblumen Juli-Dezember, Hauptzeit im Frühjahr; Sommer an den Stränden und Buchten; Walbeobachtung August-November.

**Anreise:** Mehrere Straßen ab Highway 1. Busse von Albany und Esperance.

**Genehmigungen:** Campingerlaubnis erhältlich bei Rangern oder Parkbüros; zu manchen Bergen kein Zugang, um die Ausbreitung der in Südwestaustralien weit verbreiteten Wurzelfäule zu verhindern.

**Ausrüstung:** Camping-Zubehör, Wasser, Karten, Angelausrüstung, Hut, Wanderschuhe, Sonnenschutz, Insektenschutzmittel, wasserfeste Kleidung im Winter, Fernglas für Walbeobachtungen, leichte Kleidung im Sommer.

**Einrichtungen:** Wanderwege, Straßen für Zwei- und Allradantrieb. Camping am Four Mile Beach und den Hamersley-, Fitzgerald- und Saint-Marys-Buchten, Quoin Head/Whalebone-Bucht, freie Gaskocher. Wegen Wasserknappheit im Park Wasser in Flaschen mitbringen. Parkaufsicht und vier Informationsstationen.

**Tierbeobachtung:** Walbeobachtung am besten August bis November. Nach Nektar suchende Tiere sind bei der Blüte aktiv. Reptilien, u. a. einige giftige Arten, an warmen Frühlingstagen, im Frühsommer und im Herbst. Im Park gibt es auch einige seltene Brackwasserfrösche. Fischadler an der Küste.

**Besucheraktivitäten:** Wandern, Campen, Angeln, Pflanzen- und Vogelbeobachtung.

**Oben:** *Buckelwale,* Magaptera novaeangliae, *lassen sich vor der Küste des Parks beobachten.*
**Rechts:** *Die prächtige Ricrac-Banksia,* Banksia speciosa, *wächst auf sandigem Boden und wird bis zu 5 m hoch.*

Fitzgerald-River-Nationalpark sind inzwischen über hundert Orchideenarten und neun Hybriden bekannt, die sonst nirgendwo auf der Welt wachsen.

Die Barrens an der Küste scheinen sich im Lauf der Zeit als Rückzugsgebiete für Arten entwickelt zu haben, die an gemäßigtes Klima angepaßt sind – etwa Banksien und Lambertias oder einige der 200 Hülsenfruchtarten im Park. Der East-Mount-Barren-Wanderweg führt über mehrere Kilometer durch Buschland mit 82 Arten von Epakriden – stacheligen Sträuchern mit leuchtend weißen oder rosafarbenen, röhrenförmigen und nektarreichen Blüten.

## *Das Wunder der Phoenixpflanzen*

Von Blitzen entfachte Buschfeuer sind für den Park ganz natürliche Erscheinungen. Während unterschiedliche Intensität und die Unregelmäßigkeit der Feuer den Samenbestand gefährden, benötigen viele australische Pflanzen sogar Feuer, um keimen zu können. Im Dezember 1989 fielen 48% des sehr großen Parks einem Sommerfeuer zum Opfer. Forscher fanden heraus, daß in einem winzigen Abschnitt des Parks, in dem vor dem Feuer 23 Arten wuchsen, ein Jahr nach dem Brand 45 Arten anzutreffen waren.

Banksien, Hakeas und viele andere Proteaceen-Arten schützen die Samen in harten, holzigen Hülsen, Kapseln oder Schalen. Diese müssen erst »geröstet« werden, um die Samen freizugeben und dem Wasser auszusetzen. Andere Arten produzieren zahllose langlebige Samen, die erst in einer niedergebrannten, mit nährstoffreicher Asche bedeckten Umgebung zum Wachstum angeregt werden. Viele Arten entwickeln sich aus Knospen in unterirdischen Wurzelstöcken, und die Keimlinge zahlreicher Fieberbäume sprießen aus holzartigen Wurzelhalsknollen, sobald die Blätter verbrannt sind. Es konnte sogar nachgewiesen werden, daß beim Feuer freigesetzte Gase das Wachstum von Orchideen, Grasbäumen und »Känguruhpfoten« anregen.

## *Nicht nur Blumen*

Von den vielen Wanderwegen des Parks am lohnenswertesten sind der East-Mount-Barren-Weg nahe der Parkeinfahrt bei Hopetown, der Point-Ann-Heritage-Weg nahe der Mündung des Fitzgerald und der Weg von der Whalebone-Bucht zum Quoin Head, wo im Winter und im Frühling Wale beobachtet werden können.

Zu den wichtigsten Punkten im Park führen mehrere Wege, die mit Zwei- oder Allradantrieb befahrbar sind. Die Quiss Road in der westlichen Hälfte des Parks führt nach Point Anne – einem eindrucksvollen Aussichtspunkt, der einen hervorragenden Blick über die Küste bietet. Zwischen August und November lassen sich von hier aus die Buckel- und Glattwale auf ihrem Weg vom Südpolarmeer die westaustralische Küste entlang bis in das Gebiet der Shark-Bucht beobachten. Im Winter ist das Wasser zwar kühl, doch die prächtigen weißen Sandstrände laden das ganze Jahr hindurch zum Schwimmen oder Fischen ein.

Im Südwesten Australiens ist eine durch Pilze hervorgerufene Wurzelfäule weit verbreitet, die die Vegetation auf Tausenden von Hektar vernichten kann. Der Fitzgerald-River-Nationalpark ist vermutlich das am wenigsten davon betroffene Gebiet. Deshalb ist es verboten, mit dem Wagen die Straßen zu verlassen. Räder und Schuhe sollten zudem vor Betreten des Parks gereinigt werden.

Oben: *Der Quoin Head ist einer der besten Plätze des Parks für die Beobachtung von Walen.*

Links: *Die Spinnenorchidee, Caladenia patersonii, wächst im Unterholz von Küstensträuchern und Heidepflanzen.*

# Kalbarri-Nationalpark

## *Murchison-Schlucht und Heideland*

Der 1963 eingerichtete Kalbarri-Nationalpark ist einer der vielfältigsten Parks in Westaustralien – eine sanft gewellte Landschaft mit trockenen Sandböden, schlangenartig durchschnitten von der Schlucht des Murchison. Weniger tiefe, von kleineren Flüssen eingeschnittene Schluchten formen die zerklüftete Küste. Das sanft abfallende Hochland ist von Fieberbäumen und Heide bewachsen, den bei weitem größten Pflanzengemeinschaften des Parks, während die Wände und Böden der Schlucht, die bis zu 500 m in die Tiefe reichen, mit Rotgummibäumen und Akazien bewachsen sind. Ab Ende Juli erblühen Wildblumen im sandigen Heideland, das einen Großteil des 1830 km$^2$ großen Parks einnimmt.

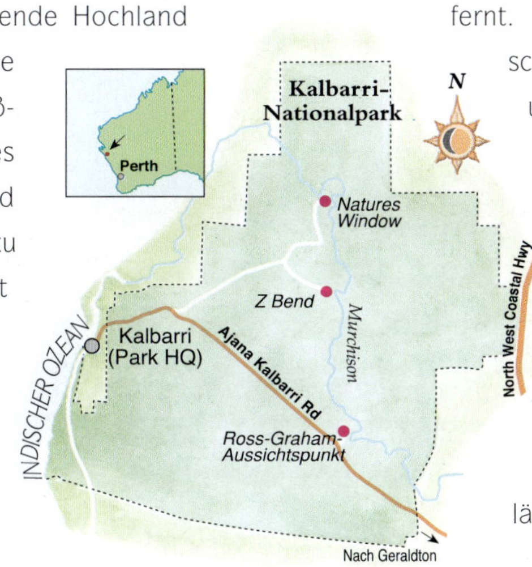


Von allen Parks Westaustraliens hat das Kalbarri ganzjährig das vermutlich verträglichste Klima. Dieser halbtrockene Park liegt 590 km nördlich von Perth. Aufgrund der Lage am Meer sind sowohl die Winter- als auch die Sommertemperaturen gemäßigt.

### *Ein herrlicher Ort*

Die großartige Murchison-Schlucht gehört zu den Hauptattraktionen des Kalbarri-Nationalparks. Mit atemberaubenden roten Sandsteinwänden, die sich an manchen Stellen bis 200 m über den Fluß erheben, schlängelt sich die Schlucht über eine Strecke von 90 km zum Meer. Kanutouren und Ausflüge entlang der Schlucht können in der Stadt Kalbarri an der Mündung des Murchison organisiert werden; es gibt jedoch auch ausreichend Möglichkeiten für individuelle Touren.

Ein fast kreisrund entwickelter Mäander, bekannt als The Loop, liegt 26 km von einer von der Kalbarri-Hauptstraße abgehenden Schotter-Zugangsstraße entfernt. Er bietet einen wunderbaren Vorgeschmack auf die Schlucht. Ein Wanderweg um diesen herrlichen Mäander beginnt bei Nature's Window am Ende der Zugangsstraße. Dieses ungewöhnliche »Fenster« entstand, nachdem die anstehenden Sandsteinschichten abgetragen worden waren. Manche dieser Fossilien enthaltenden Schichten zeigen alte Sandrippelmarken, andere tragen Spuren längst ausgestorbener Tiere.

Die Becken des Loop werden von Rotgummibäumen und Paperbark-Bäumen gesäumt. Am Wasserrand halten sich Silberreiher auf, die sich im ruhigen Wasser der zum Schwimmen einladenden Becken spiegeln, während Felsen- und Hügelkänguruhs das Steingeröll im Schatten bevorzugen. Der Aussichtspunkt Z Bend am Ende der Zugangsstraße zum Loop bietet den beeindruckendsten Ausblick zum Murchison, doch auch die Aussicht von Hawks Head und die vom Ross-Graham-Aussichtspunkt weiter im Landesinnern sind nicht minder eindrucksvoll.

### *Sandige Ebene*

Die trockenen Sandböden an der südaustralischen Küste sind arm an Phosphaten und Spurenelementen. Sie bringen Heideland mit einer gewaltigen botanischen Vielfalt hervor.

Fährt man zwischen Juli und September auf einer der Parkstraßen, kann man die farbenprächtigen Blüten-

Gegenüber: *Stufen und ein Pfad führen vom Aussichtspunkt des Z Bend durch den roten Sandstein der Murchison-Schlucht.*

Rechts oben: *Der Silberreiher,* Ardea alba, *fischt neben Weißwangen- und anderen Reihern im flachen Wasser des Murchison.*

**Lage:** An der Mündung des Murchison, 590 km nördlich von Perth und 168 km von Geraldton.

**Klima:** Vier Jahreszeiten; Sommertemperaturen bis zu 40 °C, niedrige Luftfeuchtigkeit und häufig Wind; Wintertemperaturen zwischen 10 °C und 20 °C; die meisten Regenfälle im Juni und Juli.

**Reisezeit:** Jederzeit. Blumenblüte am besten August-Ende September; Wandersumpfvögel August-November. Angenehmste Temperatur April-Mai und August-Oktober.

**Anreise:** Über die Straße vom Highway 1 und Ajana zur Straße nach Kalbarri. Mit dem Flugzeug nach Geraldton, wo Autos vermietet werden. Schotterstraßen zu den Aussichtspunkten der Schluchten; Zugang zur Küste über die Straße von Kalbarri nach Balline.

**Genehmigungen:** Eintrittsgebühr beim Kalbarri-Touristenzentrum oder am Münzautomaten am Parkeingang. Die Ranger informieren über Regeln für Kanufahrten und Wanderungen in der Murchison-Schlucht.

**Ausrüstung:** Trinkwasser, Erste-Hilfe-Kasten, Insektenschutzmittel, starker Sonnenschutz, breitkrempiger Hut, feste Wanderschuhe, Kanu, leichte Sommerkleidung, warme Winterkleidung mit wasserfester Jacke, Fernglas, Pflanzen-Bestimmungsbuch.

**Einrichtungen:** Parkaufsicht, vier Picknickplätze und Toiletten (freie Gasgrills nur am Nature's Window und am Z Bend), Wanderwege, ausgeschilderter Naturpfad am Mushroom Rock. Kalbarri bietet eine große Auswahl an Unterkünften.

**Tierbeobachtung:** Honigesser an den Blumen vom späten Juli bis zum späten September; Zugvögel ab Oktober den Sommer hindurch; Wasservögel am Fluß von Frühling bis Herbst; Reptilien August bis April.

**Besucheraktivitäten:** Botanische, ornithologische, geologische und geomorphologische Beobachtungen. Wandern, Wildwasserkanufahrten nach Regen.

**Rechts:** *Die Straße zu diesem atemberaubenden Aussichtspunkt bei The Loop an der Murchison-Schlucht durchquert viele Kilometer blühendes Heideland.*

**Oben:** *Der Dornteufel,* Moloch horridus, *ist eine harmlose, Ameisen fressende Agame in der heißen Sandlandschaft.*
**Ganz rechts:** *Das Graue Riesenkänguruh kommt in ganz Australien vor. Man kann es leicht an den weißen Flecken am Ohr erkennen.*

pflanzen bewundern. Die Landschaft wird beherrscht vom Goldgelb der Akazien, oft zusammen mit dem blasseren Orangegelb von Banksien, Seideneichen und Dryandras. Andere tiefrote Seideneichen und Hakeas finden sich neben dem tiefen Gelb der Irisblumen, den Geebungs und den zarten, wachsartigen Diuris-Orchideen. Rot und rosafarben blitzen aus den Büschen steif emporragende Verticordias, Schachtelhalme, Wachspflanzen, Isopogons und die Turkey-Büsche hervor.

Grasbäume recken die grasartigen, in Büscheln angeordneten Blätter von ihren durch Feuer geschwärzten Stämmen bis zu 3 m hoch in die Luft. Verschiedene Lilienarten und Hoveas fügen dem Farbenspektrum tiefe Blau- und Purpurtöne hinzu, während die »Känguruh-« und »Katzenpfoten« von schwarz und rot bis grün reichen.

### *Heidebewohner*

Zu den Tausenden Nektarvögeln, die von Juli bis September oder bis zum Ende des Blütenreichtums über der Heide schweben, gehören u. a. Singing, White-plumed und Brown-Honigesser sowie Purple-crowned-Schmuckloris und Red-Wattle-Vögel.

Der riesige Emu sucht in der Heide nach weichen Früchten, Samen und Insekten, manchmal auch nach kleinen Vögeln und dem Aas von Säugetieren. Er spielt eine bedeutende Rolle im Keimprozeß mancher Pflanzen, indem er unzugängliche Saathüllen teilweise verdaut und sie mit einem Düngehaufen versehen auf dem sandigen Boden ausscheidet. Die tiefgrünen Eier dieses Laufvogels haben die Größe eines kleinen Fußballs, und die Küken sind – ganz anders als die Eltern – schön gestreift.

Im Schutz von Eukalyptusbäumen, Grasbäumen oder dichteren Sträuchern warten die Grauen Riesenkänguruhs auf den späten Nachmittag, an dem sie grasen und die Flüsse oder andere Wasserstellen aufsuchen. Die 12 Säugetierarten sind meist nachtaktiv.

# Shark-Bucht-Welterbestätte

## *Ein unbezahlbarer Brutplatz*

Die Shark-Bucht-Welterbestätte am westlichsten Punkt Australiens umfaßt 23 000 km² Küstenlandschaft mit Randgewässern. Die warmen Gewässer bilden einen reichhaltigen Lebensraum für eine vielfältige Tierwelt mit Delphinen, Dugongs, Rochen, Haien, Kraken und vielen Buckelwalen. Die Shark-Bucht ist zudem ein bedeutender Brutplatz für unzählige Krustentiere, Weichtiere und Fische.

Die Grenze der Welterbestätte folgt der Küste nördlich von Hamalin Pool 190 km bis Carnarvon, reicht dort ins Meer hinein und führt nach Süden, wo sie die Inseln Bernier, Dorre und Dirk Hartog sowie die Zuytdorp-Klippen inklusive eines Bereichs von drei Seemeilen vor der Küste einschließt und dann nach Hamelin Pool zurückführt. Der gesamte Bereich umfaßt das Shark-Bucht-Meeresschutzgebiet, den Francois-Peron-Nationalpark und mehrere Insel-Naturreservate. Die 1991 in die Liste des Weltnaturerbes aufgenommene Shark-Bucht war eines der wenigen Gebiete der Erde, das alle vier Kriterien eines Weltnaturerbes von »herausragenden natürlichen Universalwerten« erfüllte.

### *Warme, flache Gewässer*

Die warmen und flachen Gewässer der Shark-Bucht umfassen über 4000 km² Seegrasfläche. Zwölf einzelne Seegrassorten machen diese zur mannigfaltigsten Seegrasgemeinschaft der Welt – ein Paradies für schätzungsweise 10 000 Dugongs und 6000 Meeresschildkröten. Man findet hier auch die immer seltener werdende Unechte Karettschildkröte. Während der Brutzeit im frühen Sommer halten sich jede Nacht zwischen 10 und 30 dieser Tiere auf den Stränden der Dirk-Hartog-Insel auf.

Für den Dugong ist die Shark-Bucht vermutlich der bedeutendste Brutplatz der tropischen Gewässer Australiens, wenn nicht gar der ganzen Welt. Die seit vielen Jahren hier ungefährdet lebenden Tiere wurden so zutraulich, daß man sie unter Wasser leicht fotografieren kann. Auch die freundlichen Großen Tümmler sind hier verbreitet.

Eine ungewöhnliche Erscheinung des stark salzhaltigen Wassers im Hamelin Pool sind sogenannte »lebende Dinosaurier« oder Stromatolithen, die wie Gesteinsklumpen unter Wasser aussehen. Diese teils aus lebenden Organismen und aus unbelebtem Sand bestehenden Gebilde sind Überreste von Lebensformen vor rund 3,5 Milliarden Jahren.

### *Insel- und Festlandbewohner*

Vor 6000 Jahren erreichte das Meer sein heutiges Niveau, und die Inseln in der Shark-Bucht mit ihrer verkümmerten, gestrüppreichen Vegetation wurden vom Festland abgetrennt. Heute leben hier einige Tierarten, die auf dem Festland durch Raubtiere ausgerottet wurden. Von den 26 gefährdeten australischen Säugetierarten findet man fünf nur noch auf den Inseln Bernier und Dorre – Bürstenkänguruh, Rotes Hasenkänguruh, Bänderkänguruh, Shark-Bucht-Maus und Bandikutratte.

Vögel waren von Raubtieren weniger betroffen, so daß heute in diesem Gebiet 230 verschiedene Arten gezählt werden. Majestätische Brahminenweihen, Fischadler und Weißbauch-Seeadler bevölkern die Lüfte über der Festlandküste, während Kolonien von Keilschwanz-Sturmtau-

Rechts oben: *Massen von Schalen bedecken die Strände der Shell-Bucht im Gebiet der Welterbestätte.*

**Lage:** 833 km nördlich von Perth; das Gebiet erstreckt sich entlang dem 26. Grad südlicher Breite.

**Klima:** Mild bis heiß, von 25 °C im Winter bis 33 °C im Sommer. Unregelmäßige Niederschläge, zwischen 200–400 mm pro Jahr. Im Sommer Wirbelstürme möglich.

**Reisezeit:** Jederzeit, am angenehmsten April-September; Blumen blühen 6–8 Wochen nach dem Regen. Wandersumpfvögel Oktober-April.

**Anreise:** Allwetterstraße nach Denham und Monkey Mia, Schotterwege nach Hamelin und Useless Loop. Pisten zu den wichtigsten Abschnitten des Parks. Bus nach Overlander Roadhouse, Denham und Carnarvon. Mit dem Flugzeug nach Carnarvon. Bootsrampen.

**Genehmigungen:** Eintrittsgebühr an den aufgestellten Kassen nahe Peron Homestead oder bei der Parkverwaltung in Denham.

**Ausrüstung:** Auto mit Allradantrieb, Treibstoff, Ersatzreifen, Luftpumpe und Druckmesser. Angel- und Schwimmausrüstung, leichte Kleidung, Insektenschutzmittel, starker Sonnenschutz, breitkrempiger Hut, Wasser (auf der Peron-Halbinsel nicht erhältlich), Fernglas, feste Strandschuhe, Benzinkanister. Die Bootsausrüstung sollte Funkempfänger, Leuchtfeuer, Schwimmwesten sowie Gezeiten- und Seekarten umfassen.

**Einrichtungen:** Straßen für Allradantrieb, einfache Campingplätze Herald Bight, Gregories, Big Lagoon und Steep Point; ausgeschilderte Wege; artesisches Bad bei Peron Homestead. Unterkünfte in Denham, Monkey Mia, Carnarvon, Nanga Homestead; Leichtflugzeuge in Denham.

**Tierbeobachtung:** Buckelwale in den Buchten, Delphine bei Monkey Mia; Zugvögel Oktober-April; Pelikane jederzeit. Luftbeobachtung großer Meerestiere.

**Besucheraktivitäten:** Bootfahren, Angeln, Schwimmen, Wal- und Naturbeobachtung, Wandern, Camping.

chern und Ruβ-Seeschwalben auf den vielen Inseln der Shark-Bucht einen sicheren Brutplatz finden.

Die fast 100 Reptilien- und Amphibienarten des Gebiets umfassen drei endemische Sandschwimmer-Glattechsen und 10 von 30 Australischen Flugdrachen. Manchmal sind schön gefärbte Seeschlangen (zutraulich im Wasser, aber höchst giftig!) in Untiefen zu sehen.

Bootstouren werden von Denham und Monkey Mia aus angeboten, kleinen Siedlungen in der Shark-Bucht, doch nur durch Überfliegen des Gebiets läβt sich die atemberaubende Nachbarschaft von Land und Meer erfassen. Unvorstellbare Blautöne gehen in weiβen Stränden und kupferroten Sanddünen auf. Die mächtigen Wellen des Indischen Ozeans werden von den Zuytdorp-Klippen gezähmt – ein 100 km langer »Wellenbrecher« der Shark-Bucht.

**Links:** *Die Zuytdorp-Klippen sind nach einem niederländischen Schiff benannt, das auf dem Weg zu den indonesischen Gewürzinseln zerschellte.*

**Oben:** *Keilschwanz-Sturmtaucher, Puffinus pacificus, sieht man häufig in gröβeren Gruppen auf dem Wasser schwimmen.*

**Unten:** *Frisch geschlüpfte Unechte Karettschildkröten sehen sich am Strand der Gefahr durch Krabben und Seevögel gegenüber.*

## *Wiedereinbürgerung*

Am schmalen Hals der Peron-Halbinsel nahe bei Shell Beach wurde ein Schädlingszaun errichtet. Nachdem er sicher stand, wurden von der Halbinsel alle Füchse entfernt; einige bedrohte Arten, die sich einst zur Sicherheit auf die Inseln zurückgezogen hatten, wurden hier ausgesetzt. Wenn Fahrzeuge das Straßengitter am einzigen Loch im Zaun überqueren, ertönt unverzüglich lautes Hundegebell: Eine Infrarot-Schranke löst ein Tonband aus, das die Füchse recht effektiv abhält.

Bei einem weiteren Schritt zur Wiedereinbürgerung von in Westaustralien inzwischen ausgestorbenen Tieren wurden 40 Australische Häschenratten aus einem erfolgreichen Zuchtprogramm in Südaustralien auf der Salutation-Insel ausgesetzt. Dem zuvor nur noch in Südaustralien vorkommenden Tier wurde somit eine Möglichkeit geboten, seinen Lebensraum zu erweitern.

Ganz oben: *Der halbtrockene Peron-Halbinsel-Nationalpark ist eines der Schutzgebiete innerhalb der Welterbestätte.*
Oben links: *Verspielte Große Tümmler sind häufige Gäste der Shark-Bucht – manche kommen täglich zum Strand von Monkey Mia.*
Oben rechts: *Rund 10% (10 000 Exemplare) der weltweit verbliebenen Dugongs leben in den Seegrasflächen der Shark-Bucht.*

# KARIJINI-NATIONALPARK

## *Land der eisenreichen Hamersley-Schluchten*

Der 1980 ausgerufene Hamersley-Range-Nationalpark wurde erst vor kurzem als Anerkennung der dauerhaften Bedeutung dieses Gebiets für die einheimischen Volksstämme Panyjima, Innawonga und Kurramain in Karijini umbenannt. Karijini ist heute einer der vielen australischen Nationalparks, die von den Aborigines verwaltet werden.

Der im Herzen der westaustralischen Region Pilbara gelegene Park erstreckt sich über ein 450 km langes Massiv aus verwittertem, eisenreichem Gestein. Mit einer Fläche von 6275 km² ist er der zweitgrößte Nationalpark in Westaustralien.

Vor Jahrmillionen wurde diese Landschaft von gewaltigen gebirgsbildenden Kräften aufgefaltet. Das von den Höhen herabfließende Wasser folgte den Rissen und Verwerfungen und schnitt im Lauf der Zeit tiefe Schluchten in die rote, gestufte Landschaft. Darin liegt heute der besondere Reiz des Karijini-Nationalparks. Der Fortesque ist zur Regenzeit ein gewaltiger Wildbach; er entwässert alle fünf großartigen Schluchten des Gebiets.

Der Park liegt westlich des Great Northern Highway 285 km von Port Hedland und 180 km von Newman entfernt. Im Karijini-Nationalpark steht ein ausgedehntes Gebiet unter Schutz, in dem sonst Eisenerz abgebaut werden würde. Im Pilbara liegen die weltgrößten Eisenminen von Tom Price, Newman und Paraburdoo.

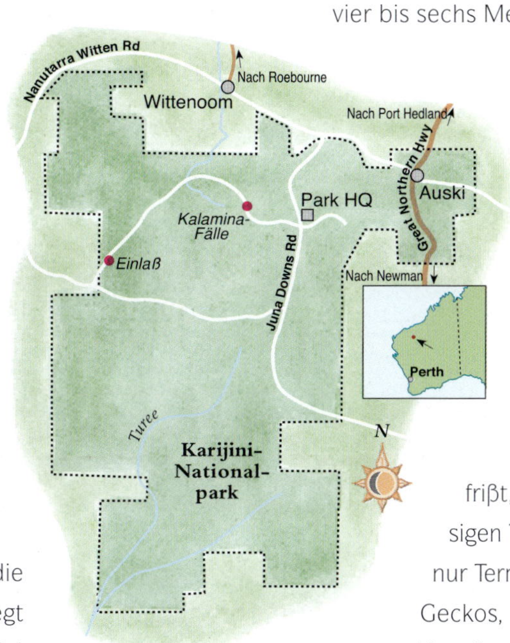


### *Trockenzeit-Wüsten*

Während der Trockenzeit sind die Hügel des Parks mit hellen Dorngrasbüscheln bedeckt, und an manchen Stellen sind tiefrote Lateritböden verbreitet. Vereinzelte Gummibäume stechen aus der eisenreichen Landschaft hell hervor. Die gut ausgebauten Schotterstraßen im Park führen regelmäßig durch »Städte« aus rötlichen vier bis sechs Meter hohen Termitenhügeln.

Termiten spielen im gesamten von Dorngräsern bewachsenen Gebiet eine wichtige Rolle. Sie schneiden die harten und trockenen Dorngrasblätter in kurze Stücke und lagern diese in den Hügeln. Anschließend verzehren sie sie und wandeln sie somit in Nährstoffe um. Das einzige Tier, das auch von Dorngräsern frißt, ist das Hügelkänguruh. Die riesigen Termitenhügel beherbergen nicht nur Termiten sondern auch Flugdrachen, Geckos, Panthervögel (kleine, finkenartige Vögel) und andere Tiere – manchmal sogar Dingos, die australischen Wildhunde. Australische Falken und Schieferfalken benutzen diese hohen Bauten oft als Spähpunkte für die Jagd.

### *Tiefe, kühle Schluchten*

Sogar in der winterlichen Trockenzeit sind die Tage so warm, daß man die fünf Schluchten besuchen kann. Ihre Bäche entwässern nach Norden als Zuflüsse zum Fortescue – Dales, Yampire, Kalamina, Wittenoom (er erhält in seinem Oberlauf selbst fünf Zuflüsse) und Hamersley. Der Ausblick vom schmalen Rücken am Oxer-Aussichtspunkt, 300 m über dem Zusammenfluß der fünf Schluchten der Wittenoom-Gruppe, ist faszinierend. Über dem Abgrund beugen sich Feigenbäume, und am Abbruch hängen Büschel gelber Strohblumen mit ihren papierartigen Blütenblättern sowie weiße Gummi-

Gegenüber: *Die Fortescue-Fälle mit dem Strudelloch bieten eine der vielen guten Schwimmöglichkeiten im Karijini-Nationalpark.*

Rechts oben: *Der Wüsten-Blutholzbaum,* Eucalyptus terminalis, *bringt nach Regenfällen im Juli massenweise cremefarbene Blüten hervor.*

**Lage:** Im Pilbara-Distrikt in Westaustralien, am Oberlauf des Fortescue, am Great Northern Highway 285 von Port Hedland.

**Klima:** Trocken-tropisch mit zwei Jahreszeiten. Im Park unbeständig, feucht Dezember-April, mittlere Höchsttemperatur 37 °C, starke Regenfälle. Sehr verläßliche Trockenzeit Juni-November, mittlere Höchsttemperatur 30 °C, extrem niedrige Luftfeuchtigkeit. Kühlste Zeit Juni bis August.

**Reisezeit:** Mai-September. Schönste Blumenblüte sechs Wochen nach starken Regenfällen. Tiere an Wasserlöchern Juli-November.

**Anreise:** Mit Auto oder Bus auf guten Straßen von Roebourne, Port Hedland und Newman. Häufige Straßensperren in der Regenzeit. Mit dem Flugzeug von Perth nach Newman, Paraburdoo und Port Hedland.

**Genehmigungen:** Campinggebühren am Nationalparkbüro in Karratha oder an der Rangerstation zu entrichten. Vor größeren Schluchtwanderungen Ranger informieren.

**Ausrüstung:** Breitkrempiger Hut, starker Sonnenschutz, Mückennetz, leichte Tages-, warme Abendkleidung; Erste-Hilfe-Kasten, Wanderschuhe, Fernglas, Campingausrüstung mit Gaskocher, Schwimmausrüstung, Werkzeug für Autoreparaturen und Ersatzteile. Im Auto und auf Wanderungen stets Wasser mitnehmen und mindestens vier Liter täglich trinken.

**Einrichtungen:** Die Campingplätze von Dales Gorge, Weano Gorge und Joffre Intersection verfügen über Gasgrills und Toiletten. Trinkwasser ist bei Dales Turnoff und 3 km westlich des Zeltplatzes Joffre Intersection erhältlich. Wege sind in einem sehr guten Prospekt beschrieben.

**Tierbeobachtung:** In Trockenzeiten sind die Tiere an Wasserlöchern anzutreffen.

**Besucheraktivitäten:** Camping, Tierbeobachtung, Schwimmen, Wandern, Schluchtenklettern. Hinweis: Der Staub in der Lower-Yampire- und der Wittenoom-Schlucht enthält gefährliche Asbestpartikel.

bäume – Sitzplätze für Wanderfalken und Keilschwanzadler. Emu-Büsche und Caustic-Kletterpflanzen, eine blattlose Pflanze mit ätzendem, milchigem Saft und wirr verknoteten, bleistiftdicken grünen Stielen, teilen sich die oberen, in Stufen ansteigenden Gesteinswände mit den überall vorkommenden Dorngräsern.

## *Leben an den Strudelkesseln*

Die Böden der Schluchten im Karijini-Nationalpark erlebt man am besten durch den Abstieg zu den Fortescue-Fällen am Ende der Dales-Schlucht. Die Wasserfälle stürzen diagonal über die eisenreichen Gesteinsschichten. Einige der blockartigen Schichten zeigen feine Risse, die später mit dunklen Mineralien aufgefüllt wurden – eine wahre Freude für geologisch interessierte Besucher!

Der Strudelkessel ist tief, hellgrün und von Schilf- und Riedgräsern umgeben. Massen von Farnen, Schafgarben, Echsenschwänzen, Sumpflilien, Vallisneria, Nardoos und anderen Wasserpflanzen leben im Strom jenseits des Kessels. Im Sickerwasser, das die Schluchtwände herabfließt, wachsen Frauenhaarfarne mit ihren stark gefiederten Blättern im Schatten von Paperbark-Bäumen und robusten Rotgummibäumen. Über dem Kessel schweben zahllose rote, blaue, braune und goldfarbene Libellen, während das Wasser voll von Libellennymphen ist.

Die langsam fließenden Gewässer in den Schluchten sind meist ziemlich kalt, doch wärmere, mehr der Sonne ausgesetzte Kessel an breiteren Stellen der Schluchten zeigen eine Vielfalt an Pflanzen und wirbellosen Tieren.

**Rechts:** *Die Hamersley-Schlucht ist leichter zugänglich als die anderen Schluchten im Karijini-Nationalpark.*

**Unten:** *Nach einem Abstieg in die enge Weano-Schlucht besticht der Handrail-Kessel durch Kühle und faszinierende Farbspiele.*

Größere Tiere wie Känguruhs und zahllose Vögel halten sich dort auf, wo sich die Schluchten in das breite Tal des Fortescue öffnen. Der Karijini-Nationalpark ist auch die Heimat von mindestens 128 Vogelarten, und die Strudelkessel ziehen Tausende von Corellas, Rosen- und Rabenkakadus, Dorngras-Tauben und unzählige kleinere Vögel, besonders Wellensittiche und Zebrafinken an.

## *Das Wissen der Ureinwohner*

Nach Zehntausenden von Jahren der Besiedlung haben Aborigines in ganz Australien eine fundierte Kenntnis über den Verlauf der Jahreszeiten, die Funktionen des Ökosystems sowie über die Standorte von Tieren und Pflanzen und ihre Wechselbeziehungen untereinander. Im Karijini-Nationalpark lebten die Menschen wie in einem großen Besitztum unter freiem Himmel. Zu bestimmten Jahreszeiten hatten sie feste Lagerplätze; wenn sie in ihrem Land weiterzogen, gab es dafür einen konkreten Grund; sie konnten auch vorhersehen, was sie erwarten würde. Heute kommt dieses Wissen der Verwaltung des Karijini-Nationalparks zugute. Hoffentlich kommen zu den beiden Aborigine-Rangern noch mehr dazu.

**Oben:** *Blauer Himmel, Dorngräser, Gummibäume und glutrote Klippen sind für den Karijini-Nationalpark im Winter und im Frühling typisch.*
**Folgende Seiten:** *In der Roten Schlucht sieht man die alten Schichten von eisenhaltigem Sandstein.*

**Rechts:** *Ein Wüstenwaran,* Varanus gouldii gouldii.
**Unten:** *Kurz nach einem Sommergewitter oder Herbstregen breitet sich im Karijini-Nationalpark ein Blumenteppich aus.*

# Purnululu-(Bungle-Bungle-)Nationalpark

## *Die fantastischen Bungle-Bungle-Bienenkörbe*

Purnululu, eines der größten Naturwunder Australiens, ist so abgelegen, daß es nur einheimische Aborigines und einige Hirten kannten, bis es in den frühen 1980er Jahren von einem vorbeikommenden Filmteam »entdeckt« wurde. Der im unberührten tropischen Norden Westaustraliens am Ostrand der entlegenen Kimberley-Region gelegene Park liegt etwa 110 km nördlich von Halls Creek und 250 km südlich von Kununurra.

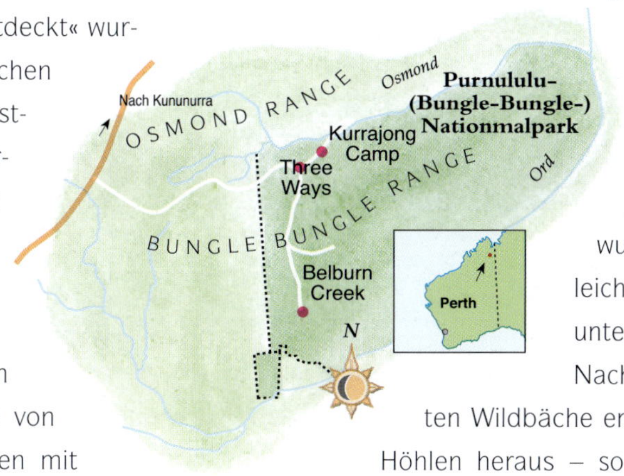


In dem 3000 km² großen Park befinden sich Hunderte von kegelförmigen Sandsteintürmen mit 200–300 m Höhe, die alle besonders dünne, horizontal verlaufende orangefarbene und rußige Schichten aufweisen. Die in der Regenzeit reißenden Sturzbäche von den Türmen herab verschwinden in der Trockenzeit fast völlig, und es bleibt nur noch ein von Wasserlöchern unterbrochenes Gebiet zurück. Der Park wurde 1987 zum Naturreservat erklärt und später in einen Nationalpark umgewandelt.

### *Kegel und Streifen*

Vor Jahrmillionen gab es große Flüsse, die aus den Gebirgsketten nach Nordwesten flossen und Sand und Schotter in das Becken von Purnululu eintrugen. Geröllschichten wurden von Schichten aus Sand und Schlamm überlagert, bis die Landhebung den Prozeß abbrach. Nachdem der Kontinent immer weiter in die Tropen abgedriftet war, spülten starke Regenfälle während der von November bis April dauernden Regenzeit den »Zement« fort, der als Bindemittel zwischen den Sandsteinpartikeln wirkt. So wurde das Gestein sogar gegen leichte Schläge anfällig, war aber unter Druck immer noch sehr fest. Nach weiteren Jahrmillionen schürften Wildbäche enge Schluchten und unterspülte Höhlen heraus – so etwa die Cathedral- oder die Echidna-Schlucht –, während die dazwischenliegenden festen, kegelförmigen Hügel immer stärker herausmodelliert wurden.

Diese Festigkeit ist teilweise das Ergebnis der stark gestriemten Oberfläche dieser Hügel. Die dünne, schützende Haut ist in Wirklichkeit nur wenige Millimeter dick und bedeckt den ursprünglichen weichen, weißen Sandstein. Das rußige Schwarz kommt von organischem Material, während die orangefarbene Schicht aus Ton und Quarz aufgebaut ist. Doch schon das Brechen eines kleinen Stücks dieser empfindlichen Schutzhülle kann zu einer starken Erosion des darunterliegenden, weichen Sandsteins führen.

### *Ein Bungle-Bungle-Überblick*

Da die Straßen nur mit Allradantrieb befahrbar sind, besuchen die meisten Gäste diese Berglandschaft aus der Luft. Von Kununurra oder Halls Creek aus gibt es täglich drei Flüge; innerhalb des Parks sind auch Hub-

Gegenüber: *Die berühmten »Bienenkörbe« aus gebändertem Sandstein im Purnululu-Nationalpark sind von der Luft aus besonders eindrucksvoll.*

Rechts oben: *Die behenden Flugdrachen der Art* Cienophorus caudicinctus *werden bis zu 30 cm lang.*

**Lage:** Im Osten des Kimberley-Plateaus, 250 km südlich von Kununurra und 47 km vom Highway 1.

**Klima:** Tropisch mit zwei Jahreszeiten. Regenzeit Dezember-April, mittlere Höchsttemperatur 32 °C, hohe Luftfeuchtigkeit, stürmisch, Regenfälle und Überschwemmungen. Trockenzeit Mai bis Oktober, mittlere Höchsttemperatur 34 °C, Luftfeuchtigkeit niedrig, nimmt im Oktober zu. Kühlste Monate sind Juli und August.

**Reisezeit:** Wanderungen Juni-September; Flüge jederzeit; Blüte Mai und Juni; Tiere Juni-September, August-Oktober scharen sich die Tiere um die verbleibenden Wasserreserven.

**Anreise:** Über die Straße nach Verlassen des Highway 1 nur noch mit Allradantrieb, keine Anhänger. Hubschrauberflüge vom Flughafen.

**Genehmigungen:** Fahrzeug- plus Campinggebühr sind an den Kassen bei der Parkaufsicht zu entrichten.

**Ausrüstung:** Fahrzeug mit Allradantrieb, ausreichend Treibstoff und passendes Werkzeug sowie Ersatzteile; leichte Kleidung, breitkrempiger Hut, Erste-Hilfe-Kasten, starker Sonnenschutz, Insektenschutzmittel, Mückennetz, Campingausrüstung, Verpflegung, Wasserflaschen, Fernglas. Man sollte sich hier nicht auf fremde Hilfe verlassen!

**Einrichtungen:** Straßen für Allradantrieb, Hinweise und Informationsblätter, Campingplätze mit Wasser und Toiletten bei Walardi und Kurrajong. Parkaufsicht, Wasser, Einkaufs- und Informationszentrum sowie Toiletten nahe Three Ways; Tankmöglichkeit bei Turkey Creek am Highway 1.

**Tierbeobachtung:** Vögel können bei Sonnenauf- und -untergang an den Wasserlöchern beobachtet werden; Samenfresser sind den ganzen Tag zu sehen. Auch Säugetiere kommen ans Wasser. Reptilien und Wirbellose sind immer zu sehen.

**Besucheraktivitäten:** Allrad-Touren, Hubschrauberflüge, Besichtigung von Aborigine-Kunst, Vogelbeobachtung und Wandern.

Rechts: *Die turmhohen goldenen Wände der Cathedral-Schlucht verengen sich zu einer Öffnung, durch die während der Regenzeit Wasser fließt.*
Unten: *Der Piccaninny hat zwischen den »Bienenkörben« ein Tal eingeschnitten, das gute Möglichkeiten für Wanderungen ins Innere des Parks eröffnet.*

schrauberflüge möglich. In der Hitze der Trocken- und der frühen Regenzeit ist das Nebeneinander von »Bienenkörben«, Schluchten und Flüssen besonders eindrucksvoll. In der Regenzeit wälzen sich riesige gewitterbringende, amboßförmige Wolken über die reißenden Wasserfälle, und die gestreiften Hügel glänzen im Licht der Sonnenstrahlen. Den ursprünglichen Bewohnern, Angehörigen der Kaja-Sprachengruppe, ging es in der Regenzeit und kurz danach besonders gut, da das große Angebot an Nahrung ihnen viel Zeit für Zeremonien ließ.

## *Entdeckung der heiligen Stille*

Besucher, die Purnululu vom Boden aus erkunden möchten, kommen mit Geländewagen und bleiben mindestens einige Tage. (Die Parkstraßen sind in der Regenzeit von Januar bis April geschlossen). Obwohl noch einige andere interessante Wanderwege ausgeschildert sind, sollte man sich den kurzen Weg vom Parkplatz am Piccaninny Creek zur Cathedral-Schlucht nicht entgehen lassen.

Die Wanderung zwischen Büscheln heller, nadelartiger Dorngräser in dem breiten, steilwandigen Tal eines Zuflusses zum Piccaninny Creek ist einfach aber heiß. Danach gelangen die Besucher an eine schwach erleuchtete, kuppelförmige Kammer von 80 m Tiefe und einem unberührten weißen Sandboden. Der Weg führt direkt zum Mittelpunkt, wo ein kreisrunder Wasserkessel mit 10 m Durchmesser die Öffnung des gewölbten Daches widerspiegelt. Hier ist kein Geräusch zu vernehmen – eine Stille und Kühle, die den Ort zum Heiligtum der einheimischen Kaja machten.

## *Eine großartige Wanderung*

Nach der Cathedral-Schlucht ist die zweite unerläßliche Wanderung der Weg bis zum Piccaninny – am besten nimmt man ein Zelt mit. Man sollte die Wanderung früh

beginnen, wenn die Schlucht in kühles, purpurfarbenes Licht getaucht ist und die meisten der über 130 hier lebenden Vogelarten die tiefen Wasserlöcher aufsuchen. Smaragdgrüne Wellensittichschwärme, rosafarbene und graue Rosenkakadus, Zaunkönige, Felsentauben und sogar die von Einheimischen als »Truthähne« bezeichneten Australischen Trappen sind in der Kühle des Morgens sehr aktiv. Doch vor allem ist es das Land.kleiner Finken. Spitzschwanzamadinen, Purpurkron- und Zebrafinken sowie die besonders schönen Goldamadinen ernähren sich auf den trockenen Grasflecken.

Der frühe Morgen ist auch die beste Zeit, um Hügelkänguruhs und Nagelschwanzkänguruhs – Langbeiner mit einem langen, schlanken Schwanz, dessen Ende eine Art »Daumennagel« unbekannten Nutzens aufweist – zu beobachten. Nur die aufmerksamsten Beobachter sehen den kleinen Narbarlek – ein Felsenkänguruh – in den hohen Felsbänken des Parks.

Vom oberen Felsrand verläuft eine dunkle Flechtenspur eines nur zur Regenzeit bestehenden Wasserfalls zu einem mit Moosen, Farnen, Seggen und Akazien bestandenen Strudelkessel. Dieser Mikrokosmos des Piccaninny- Ökosystems zieht Grashüpfer, Bienen, Wespen, Glattechsen, Geckos, Flugdrachen, Warane und viele noch nicht erforschte Arten an. Bald darauf muß man in einer nur wenige Meter breiten Spalte von Stein zu Stein springen, bis der Weg schließlich nach 23 km tief in der Bungle-Bungle-Kette vor einer Felswand endet.

Oben: *Wellensittiche,* Melopsittacus undulatus, *beim Trinken.*
Ganz oben: *Den Piccaninny sieht man nur selten wasserführend – in der Regenzeit ist der Park nicht zugänglich.*

# NORD-TERRITORIUM

Von den grünen Tropen des Top End bis zum roten Herzen Australiens erstreckt sich das Nordterritorium über 1 346 200 km²; somit umfaßt es 17,5 % der Fläche des gesamten Kontinents. Die Küste im Norden hat eine Länge von 6200 km, doch es ist der großartige, abgeschiedene rote Monolith Uluru (Ayers Rock) weit im Süden des Uluru – Kata-Tjuta-Nationalparks, der die meisten Touristen in dieses Territorium lockt. Die Verwaltung des Parks unterliegt – wie es auch bei einigen anderen australischen Parks der Fall ist – zum Teil den hier ansässigen Aborigines.

Zwischen den Extremen der feuchten Tropen und der trockenen Simpsonwüste liegt eine Reihe von miteinander verflochtenen Ökosystemen. Einige davon – tropische Eukalyptuswälder, Monsunregenwälder, Mangrovenwälder, Waldsavannen, tropisches Gras- und Buschland – kann man im Kakadu-Nationalpark erleben. Andere Ökosysteme, wie hügelige Trockensavannen, Steppen und Salzseen findet man im trockenen Süden.

Die MacDonnell Ranges im Süden umfassen die vielfältigsten Lebensräume im ariden Australien, u. a. die tiefen Schluchten, die permanenten Wasserlöcher und die Schwemmebenen des West-MacDonnell-Nationalparks. Südlich der MacDonnell Ranges erstrecken sich Verwitterungsebenen und Tafelländer bis zur Simpsonwüste im Osten, wo sich die längsten Strichdünensysteme der Welt befinden. Die sich zum salzhaltigen Eyre-See schlängelnden, versandeten Flüsse werden von großen Rotgummibäumen gesäumt, die das Grundwasser anzapfen. Die tropischen Flüsse im Norden des Territoriums transportieren die gewaltigen Wassermengen der Monsunzeit zur Arafura- und zur Timorsee.

Mit solch unterschiedlichen Lebensräumen und klimatischen Bedingungen ist die Tier- und Pflanzenwelt des Nordterritoriums entweder sehr mobil oder an die lokalen Bedingungen angepaßt. Von besonderem Interesse sind hier das Rote Riesenkänguruh, Wallabis und Hügelkänguruhs sowie zahlreiche Reptilienarten – vom winzigen Wüstenteufel bis zur 2,5 m langen Perentie. In den Feuchtgebieten im Norden teilen die Wasservögel ihren Lebensraum mit gewaltigen Leistenkrokodilen.

# KAKADU-NATIONALPARK

## *Ein überragendes Natur- und Kulturerbe*

Der imposante Kakadu-Nationalpark erstreckt sich vom Van-Diemen-Golf im Norden bis zum Arnhemland-Plateau im Süden. Er hat eine Fläche von 19 804 km² und einen Küstenanteil von 473 km². Der Park schließt die Einzugsgebiete der Flüsse Wildman, West Alligator, South Alligator und East Alligator ein, die alle in den Golf münden.

Im Kakadu-Nationalpark sind Beispiele fast aller tropischen Lebensräume des Nordterritoriums zu finden, von Überschwemmungsebenen bis hin zu einem 500 km langen, zerklüfteten Steilabfall, an dem in der Regenzeit eindrucksvolle Wasserfälle herabstürzen. Viele der im Park lebenden Tier- und Pflanzenarten müssen erst noch genau erforscht werden. Die Kunst der Aborigines läßt sich hier 30 000 Jahre zurückverfolgen; es gibt schätzungsweise 1500 größere Fundorte, die eine bedeutende kulturelle Entwicklung erkennen lassen. Die Ergebnisse der 1973 erfolgten wissenschaftlichen Erforschung der Alligator-Flüsse und der 1975 durchgeführten Ranger-Uran-Umweltuntersuchung legten die Rückgabe der Gebiete um die Alligator-Flüsse an die Aborigines, die Schaffung eines Nationalparks und eine strenge Kontrolle des Bergbaus nahe. Der Nationalpark wurde in drei Schritten geschaffen; der letzte Nachtrag erfolgte 1991. Das Gebiet des Parks wurde ebenfalls in drei Stufen zur Welterbestätte erklärt und 13 759 km² davon wurden als »RAMSAR-Feuchtgebiet von Internationaler Bedeutung« eingestuft. Der Kakadu-Nationalpark grenzt im Osten an das Aborigines-Reservat Arnhemland; die Westgrenze ist nur 120 km von Darwin entfernt.

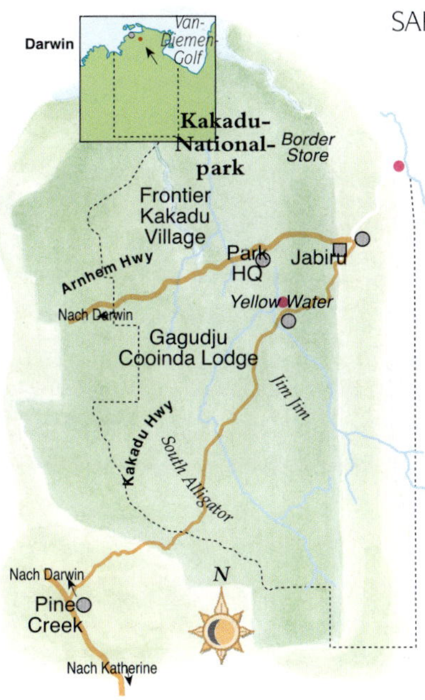


### *Das Naturerbe*

Der Kakadu-Nationalpark umfaßt eine große Vielfalt an Lebensräumen, u. a. salzige und an Flüssen gelegene Sumpfebenen, Mangrovengürtel, trichterförmige Flußmündungen im Gezeitenbereich, an denen sich bis zu sieben Meter hohe Wasserstandänderungen ereignen können, Süßwassersysteme, Seggenmoore, Sumpfwälder, Regenwälder, Hartlaubwälder und Savannen sowie sehr alte Sandsteinebenen und Inselberge mit vielen Kleinst-Lebensräumen von trocken bis wassergesättigt.

Die Tier- und Pflanzenwelt im Kakadu-Nationalpark beinhaltet über 1000 Pflanzen-, mehr als 50 Säugetier-, 280 Vogel-, 123 Reptilien-, 77 Süßwasserfisch- sowie über 10 000 Insektenarten. Eine solche Vielfalt an Lebensformen bietet den Besuchern faszinierende Beobachtungsmöglichkeiten.

Winzige Beuteltiere, wie z. B. der Fleckenbeutelmarder, teilen den Park mit größeren Kletterbeutlern, flinken Felsen- und Bergkänguruhs. Zu den zahlreichen Vogelarten gehören der prächtige Weißbauch-Seeadler und der Jabiru, wunderschöne Gouldamadinen und

Gegenüber: *Die mächtigen Jim-Jim-Fälle sind in der Trockenzeit nur ein kleines Rinnsal, verwandeln sich in der Regenzeit jedoch zu tosenden Wasserfällen.*

Rechts oben: Nelumbo nucifera, *eine Lotusblume.*

Vorangegangene Seiten:

152: *Die »Röntgenbilder« am Ubirr-Felsen wurden von Angehörigen des Gagadju-Stammes mit Stockpinseln und Ocker gemalt.*

153: *Der Schlangenhalsvogel lebt in den riesigen Feuchtgebieten des Territoriums.*

**Lage:** Der Nationalpark erstreckt sich 210 km landeinwärts über das Einzugsgebiet des South Alligator vom Van-Diemen-Golf zum Arnhemland-Plateau. Die Westgrenze verläuft 120 km östlich von Darwin.

**Klima:** Tropisches Klima; mittlere Höchsttemperatur im Sommer 34 °C, feucht und stürmisch; im Winter 30 °C. Überschwemmungen Dezember-April. Heißeste Tage im November, die kühlsten im Juli. Nachts selten unter 20 °C.

**Reisezeit:** Mai bis Oktober, am besten Juni und Juli; für Pflanzenbeobachtung am besten Mai und Juni; für Wasservögel Juli-Oktober.

**Anreise:** Mit Auto oder Bus über die Arnhem- und Kakadu-Highways. Mit dem Flugzeug nach Gagudju Cooinda Lodge und Jabiru. Bootsrampen bei Cooinda, Jim Jim Creek, Border Store und South Alligator River Crossing.

**Genehmigungen:** Eintritts- und Campinggebühren an den Parkeingängen.

**Ausrüstung:** Leichte Kleidung, feste Wanderschuhe, breitkrempiger Hut, Sonnenschutz, Insektenschutzmittel, leichter Regenschutz, Fernglas. Kühlbox für Kamera und Filme. Schwimmausrüstung für krokodilfreie Bereiche, Angelausrüstung, Erste-Hilfe-Kasten, moskitosichere Campingausrüstung, Gaskocher.

**Einrichtungen:** Informationszentrum, Kulturzentrum, Wanderwege, Bootsrampen, Rangerdienste, Zeltplätze ohne Strom, Supermarkt in Jabiru und Einkaufsmöglichkeiten in Border Store, Unterkunft im Park, Erläuterung von Kunststätten.

**Tierbeobachtung:** Fast immer und überall möglich, Vögel verstecken sich in der Mamukala-Überflutungsebene, geführte Bootstour am Yellow Water ab Cooinda, Man-Ngarre-Wanderung.

**Besucheraktivitäten:** Naturbeobachtung, Besichtigung von Aboriginekunst, Camping, Bootsfahrten, Fischen, Wandern, Allrad-Touren, Schwimmen.

Oben: *Der Jabiru stakst auf der Suche nach Fischen, Schlangen und Fröschen durch die Feuchtgebiete.*
Rechts ganz oben: *Das gefährliche Leistenkrokodil wird bis zu sieben Meter lang.*
Rechts oben: *Bootstouren auf dem Yellow Water sind eine außergewöhnliche Möglichkeit zur Tierbeobachtung.*
Rechts: *Kakadus Oenpelli-Python ist die größte Schlange Australiens. Sie lebt in den Monsunwäldern des Steilabfalls.*

Scharlachflügel-Papageien. Die Gespenstfledermaus jagt nach großen Insekten, Fröschen, Echsen, schlafenden Vögeln oder nach anderen Fledermäusen.

Der Kakadu-Nationalpark beherbergt auch die vermutlich weltgrößte Population an Leistenkrokodilen, von denen manche über fünf Meter lang werden. Sie sind bei einer geführten Bootstour auf dem Yellow Water leicht zu beobachten. Zu den kleineren Echsen gehören Wasserwarane, die in flachen Tümpeln mit ihren Schwänzen kleine Fische und Kaulquappen einfangen. Es gibt eine große Vielfalt an schön gemusterten Waranen und Schlangen, wie die Oenpelli-Python, die nur im Kakadu-Nationalpark anzutreffen ist. Es ist wohl die größte Schlangenart Australiens, die aber erst Anfang der 1970er Jahre entdeckt wurde. Die große Neuguinea-Weichschildkröte – eine von sechs bekannten Süßwasserschildkröten im Park – wurde hier ebenfalls erst in den 70er Jahren entdeckt. Bis dahin kannte man sie nur in Neuguinea; in Australien war sie nur aus »Röntgenbildern« der Aborigines in einer »Felsgalerie« bei Nourlangie bekannt.

Auch die an tropischer Herrlichkeit und leuchtender Blütenpracht reichen Landschaften gehören zu den natürlichen Schätzen dieses Nationalparks. Am eindrucksvollsten sind die Wasserfälle in der Regenzeit, die Millio-

nen Schwimmvögel, die sich während der Trockenzeit an den Wasserflächen versammeln sowie die spektakulären Lichtspiele der Gewitter in der Vorregenzeit.

## *Das Land des Gagudju-Stammes*

Aborigines sind seit mindestens 62 000 Jahren im Kakadu-Nationalpark (vom Aborigines-Wort Gagudju) ansässig. Seit vielen Generationen beobachten sie, wie das Meer das flache Land überflutet und sich wieder zurückzieht. Hier leben 17 Clans, und manche Aborigines betrachten das überschwemmte Land immer noch als heilige Orte ihrer Vorfahren.

Hunderte großartiger Sandstein-»Leinwände« am Steilabfall und an den Inselbergen dokumentieren das Leben der Aborigines während der letzten 30 000 Jahre in mehrfarbigen Bildern aus Ocker und Bienenwachs. Zu der einzigartigen Gesteinskunst gehören auch die faszinierenden »Röntgenbilder« und Tausende wunderschöner Mimi-Malereien in rotem Ocker. Zwei, die herausragend sind – bei Ubirr an einem Sandstein-Inselberg des East Alligator und am Südrand des Nourlangie-Felsens –, dokumentieren die Lebensweise der Aborigines.

Bei Ubirr kann der Besucher die symbolischen, rituellen Malereien kennenlernen und eine große Höhle besichtigen, deren Wände mit zahlreichen »Röntgenbildern« von Fischen und anderen Tieren der Gegend bemalt sind. In der Nourlangie-Galerie sind Wandgemälde von zeremoniellen Figuren zu sehen, die mit der Traumzeit in Verbindung stehen. Die Besucher von Nourlangie können auch die außerordentlich schönen, in rotem, gelbem und weißem Ocker gestalteten Bilder von Känguruhs und tanzenden Personen bestaunen.

## *Kennenlernen des Parks*

Die Besucher haben viele Möglichkeiten, den Kakadu-Nationalpark kennenzulernen, u. a. bei Bootstouren, bei Fahrten zu Schluchten und Wasserfällen, beim Angeln, auf verschiedenen Wanderwegen, bei geführten mehrtägigen Buschwanderungen, während des Campings, durch Besichtigungsflüge, in Kunstgalerien der Aborigines und durch andere, von Aborigines angebotene Aktivitäten. Für Besucher ist es wichtig, die Geschichte dieses bedeutenden Weltnatur- und -kulturerbes zu verstehen, das von den Aborigines verwaltet wird. Daher sollte das Kulturzentrum vor Eintritt in den Park unbedingt besucht werden.

Ganz oben: *Im Juli, nach der Regenzeit, breitet sich das saftige Grün der Nadab- (oder Ubirr-) Überschwemmungsebene vom Ubirr-Aussichtspunkt aus betrachtet bis zum Horizont aus.*
Oben: *Kultstätten in der Nähe dieses »Röntgenbilds« von Burrungguy an der Südseite des Nourlangie-Felsens sind mehr als 20 000 Jahre alt.*

# Nitmiluk-Nationalpark

## *Die trennende Katherine-Schlucht*

Das beherrschende Merkmal des Nitmiluk-Nationalparks, der 32 km nördlich von Katherine und 350 km südlich von Darwin liegt, ist die große Schlucht, die sich durch das malerische Plateau des Arnhemlands zieht. Der Fluß Katherine verläuft nach Nordwesten und windet sich dabei den Spalten und Verwerfungen im Sandstein folgend zickzackförmig durch das Plateau. Kurz hinter der Grenze des Parks gräbt sich der Fluß ein und bildet die atemberaubende 30 km lange Katherine-Schlucht.

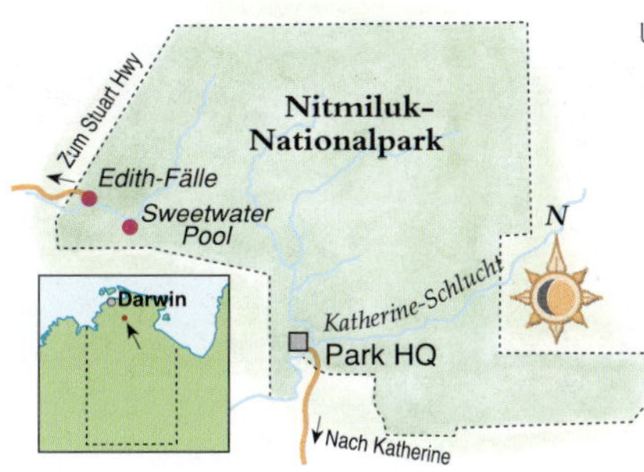


In der Trockenzeit hat die Schlucht 13 kurze Wasserläufe, die durch Gesteinsbänke voneinander getrennt sind. In der Regenzeit liegen diese Bänke unter meterhohen Wassermassen, und die dichte Ufervegetation mit Paperbark-Bäumen und Pandanuspalmen wird wochenlang überflutet.

Beiderseits der Schlucht erstreckt sich ein riesiges, von Grassavanne bewachsenes Plateau bis zur Grenze des Parks und weiter bis ins Arnhemland. In den Verwerfungen des Sandsteins wachsen Gräser, Sträucher und schlanke Palmen; in den feuchteren Gebieten konnten sich kleine Gebiete mit Monsunregenwald und Sumpfvegetation halten. Im Park leben über 175 Vogelarten, u. a. die gefährdete Australische Trappe, der Haubenpapagei und der Graulaubenvogel.

Der Nitmiluk-Nationalpark wurde 1962 eingerichtet und 1989 dem Djauan-Stamm der Aborigines zurückgegeben. Seither wird der 2921 km² große Park gemeinsam von den Djauan und der Park- und Naturkommission des Nordterritoriums verwaltet.

Gegenüber: *Die Katherine-Schlucht hat sich in Sandsteinverwerfungen über eine Länge von 30 km eingeschnitten.*

Rechts oben: *Rabenkakadus,* Calyptorhynchus banksii, *sind häufige Gäste im Nationalpark, wo sie sich von Knospen und Blüten ernähren.*

### *Die Heimat des Australien-Krokodils*

Die meisten Besucher kommen in der winterlichen Trockenzeit, wenn das Wasser zurückgegangen und die Schlucht befahrbar ist. Organisierte Ausflüge führen von der Mole an der Mündung der Schlucht flußaufwärts. Der Fluß bewegt sich langsam; er ist breit und tief. Zwischen den gigantischen Wänden wird der Kanal immer enger und am Wasserrand sind oft Azurblaue Eisvögel und Reiher anzutreffen. Kolonien von Flughunden hängen kopfüber an blühenden Paperbark-Bäumen, nachdem sie sich in der Nacht von Feigen ernährt haben.

Wachsame Australien-Krokodile sitzen auf exponierten Felsen in der Sonne, meist in der Nähe von schmalen Sandbänken, wo sie ihre Eier im warmen Sand abgelegt haben. Nur wenige frisch geschlüpfte Junge überleben, die meisten fallen hungrigen Mitchells-Waswaranen, Sandwaranen, Rautenpythons, Barramundis, Indien-Großstorchen und anderen großen Vögeln zum Opfer.

Etwa drei Kilometer flußaufwärts müssen die Besucher die Boote wechseln und über die Gesteinsbank zur nächsten Stufe auf der »Leiter« steigen, da die Schlucht hier eine ihrer rechtwinkligen Biegungen macht. Aus der Schluchtwand sprudeln einige Quellen, und die aus dem Moos wachsenden Farne bieten einen schattigen Platz für insektenfressende Pflanzen wie Sonnentau oder Wasserschlauchgewächse. Darüber wachsen in Gesteinsspalten Palmen der Gattung *Livistona loriphylla*, während sich am sonnigen oberen Rand der Schlucht die karminroten Blüten baumhoher Pflanzen von den glutroten Sandsteinwänden abheben.

**Lage:** 32 km östlich von Katherine, umgibt die Katherine-Schlucht im Nordterritorium.

**Klima:** Trockenes, tropisches Monsunklima; im Sommer 35 °C Höchsttemperatur mit hoher Luftfeuchtigkeit und Gewittern; November- März 950 mm Niederschlag; Trockenzeit im Winter, mit warmen bis heißen, klaren Tagen und kalten Nächten.

**Reisezeit:** Am angenehmsten in den kühleren Monaten von April bis Oktober, am besten Mai bis September; Tier- und Pflanzenbeobachtung am besten zwischen März und Juli; Wasserfälle im März.

**Anreise:** Über asphaltierte Straße von Katherine zur Bootsrampe, zum Weg in die Katherine-Schlucht und nach Edith Falls. Mit dem Flugzeug ins nahegelegene Katherine.

**Genehmigungen:** Genehmigungen zum Campen sind bei der Parkverwaltung von Katherine erhältlich. Buchungen für die Hauptcampingplätze ratsam.

**Ausrüstung:** Breitkrempiger Hut, leichte Tageskleidung, Wanderschuhe, Schwimmausrüstung, warme Kleidung für die Abende, Erste-Hilfe-Kasten, Insektenschutzmittel, Tagesrucksack, Wasserflasche.

**Einrichtungen:** Campingplatz im Park mit Elektrizität und guter Ausstattung, Lebensmittelladen, Besucherinformationszentrum, Rangerführungen, 10 markierte Wanderwegen von 1,5–76 km Länge, geführte Bootstouren in der Schlucht und Kanuverleih am Park, viele Unterkünfte und Autovermietung in Katherine.

**Tierbeobachtung:** Der Park bietet viele Gelegenheiten zur Beobachtung der Tier- und Pflanzenwelt von März bis Juli; die Flußlebewesen sind am besten Juni-Oktober zu sehen.

**Besucheraktivitäten:** Bootstouren, Wandern, Natur- und Vogelbeobachtung, Schwimmen, Kanufahrten.

**Rechts:** *Der Graulaubenvogel baut seine Laube im Schutz niedriger Pflanzen und legt den Eingang mit weißen Gegenständen aus.*
**Unten:** *Die Paddler beobachten in der Katherine-Schlucht eine Australische Zwergscharbe,* Phalacrocorax malanoleucos.

## *Viele Lebensräume auf dem Plateau*

Die rissige Oberfläche des Plateaus beiderseits der Katherine-Schlucht ist von zahllosen Spalten und Verwerfungen durchzogen. Gräben und tiefe Erosionsrinnen trennen massive Blöcke und bilden jeweils einen Mikro-Lebensraum. Hier finden auch verschiedene Reptilien Schutz vor Räubern, wie z. B. vor Falken und Schwarzen Milanen.

In vielen Spalten wachsen harte, nadelartige Dorngräser. Sandpalmen, Turkey-Büsche und viele andere farbenfrohe Sträucher, einschließlich unterschiedlicher Seideneichenarten, ziehen in der Zeit ihrer üppigen Blüte große Scharen von Honigessern an. Auch Eukalyptusbäume bringen massenhaft Blüten hervor, die nicht nur Insekten anlocken, sondern auch Rotnackenloris, große Rabenkakadus und viele andere Vögel. Am Rand der kleinräumigen Sumpfgebiete bauen die sehr seltenen Haubenpapageien ihre Nester in schützende Termitenhügel.

## *Erkundung des Parks*

Zehn Wege in die trockene Natur des Nitmiluk-Nationalparks bieten ausgezeichnete Möglichkeiten, die einheimische Tierwelt zu erkunden. Am besten eignen sich hierzu die Monate Juni, Juli und Anfang August. Früh am Morgen oder spät am Nachmittag ist die Wahrscheinlichkeit am größten, die hier lebenden Wallabies zu beobachten. Viele Tiere sind auch nachtaktiv; die angebotenen Mehrtages- oder Kanuausflüge erlauben den Besuchern, diese Tiere zu beobachten, wenn sie am aktivsten sind. Die

**Links:** *Die Wände der Katherine-Schlucht, hier nahe der Butterfly-Schlucht, glänzen rötlichgold im Sonnenlicht.*
**Unten links:** *Von Mai bis November sorgt der Kapokbusch,* Cochlospermum fraseri, *für helle Tupfer im Wald und an den steinigen Hängen.*
**Unten rechts:** *Australien-Krokodile,* Crocodylus johnstonii, *legen ihre Eier in den Sandbänken der Schlucht ab.*

Wanderung im Djauan-Tal gibt einen Einblick sowohl in das Leben der Plateau- als auch der Schluchtenbewohner. Außerdem kann man einige Wandmalereien der Aborigines besichtigen. Nachts sollte man vor allem in warmen Monaten aufpassen, nicht auf eine Schlange zu treten.

# West-MacDonnell-Nationalpark

## *Roter Zufluchtsort in der Wüste*

Der West-MacDonnell-Nationalpark nimmt einen riesigen Abschnitt der MacDonnell Ranges ein und erstreckt sich westlich von Alice Springs 160 km weit ins trockene Herz Australiens. Das Land wurde vor 300 Millionen Jahren stark zusammengepreßt; heute ragen widerstandsfähige Quarzitfelsen als hohe, zerklüftete, orangerote Kämme über tiefen, dunkelroten Einschnitten aus der Landschaft heraus. Die Wasserläufe Simpson, Hugh, Ellery, Serpentine, Finke, Ormiston und Redbank haben sich alle in die MacDonnells eingeschnitten und schufen dabei Klüfte und Schluchten mit tiefen, kühlen, von Vegetation gesäumten Wasserlöchern.

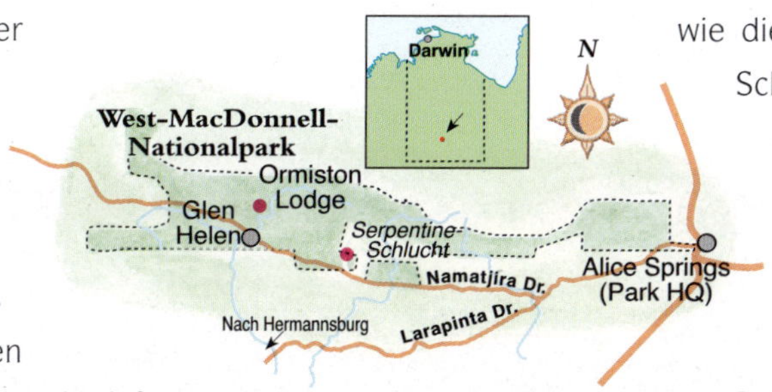


Einzelne Klüfte und Wasserlöcher wurden ehemals in kleinen Reservaten geschützt. Die Naturschutzkommission des Nordterritoriums pachtete zunächst Weideland, arrangierte einen Landtausch und konnte schließlich 1992 den West-MacDonnell-Nationalpark einrichten. Der Park hat eine Fläche von 2070 $km^2$.

### *Rettung vor dem »Browning«*

Die als »The Browning of Australia« bezeichnete Austrocknung begann schon vor rund 20 Mio. Jahren, als der Kontinent nordwärts Richtung mittlere Breiten und weiter in die Tropen driftete. Mit zunehmender Trockenheit verschlechterten sich auch die Bedingungen für die Wälder. Sie wurden zusehends lichter und entwickelten sich schließlich zu Buschland und Steppe.

Gegenüber: *Die Ellery-Schlucht ist ein typisches Beispiel für ein durchflossenes Durchbruchstal im Park.*

Rechts oben: *»Geister-Gummibäume« mit weißem Stamm,* Eukalyptus papuana, *sind für die MacDonnell Ranges charakteristisch.*

Im Zentrum Australiens führte dies letztendlich zur Entwicklung der heute vorhandenen Wüsten. Die Veränderung der Vegetation zog auch eine Veränderung der Lebensräume für die Tiere nach sich. Die Bergketten sorgten für einige geschützte Täler, zusätzliche Regenfälle und Abfluß des Wassers. In den tieferen Schluchten konnten sich Wasserlöcher halten, die – wie die Ormiston- und die Serpentine-Schlucht – zum Rückzugsgebiet von Pflanzen und Tieren wurden.

### *Der Lebensraum*

In diesem Park gibt es fünf bedeutende Pflanzengemeinschaften: Schwemmwälder und -steppen, wie bei Simpsons Gap und Ellery Gap; Wasserlöcher und Feuchtgebiete wie am Boggy Hole in der Finke-Schlucht; Schluchten und Klippen, wie etwa die ausgeprägten Ormiston- und Redbank-Schluchten; hohe Gebirgshänge und Gipfel, wie um Mt. Giles oder Mt. Sonder; und die Gras- und Strauchländer im Gebiet um Simpsons Gap sowie nahe von Ochre Pits und Ormiston Pound. Die Parkkommission hat diese unterschiedlichen Gemeinschaften inzwischen mit einem 220 km langen Wanderweg, dem Larapinta Trail, fast vollständig miteinander verbunden. Der Weg führt von der historischen Telegrafenstation in Alice Springs bis zur Redbank-Schlucht.

Die Schwemmwälder sind von allen Ökosystemen im Park biologisch am produktivsten. Wenn nach Gewittern der schnelle Abfluß aus den Berghängen Nährstoffe ausschwemmt, die dann in den Waldböden versickern, erfahren die Schwemmwälder jedes Mal eine Bewässerung und eine Düngung. In diesen Schwemmgebieten sind die größten Gummibäume anzutreffen. Direkt an den Wasserläufen wachsen auch die alten Rotgummibäume, deren zahlreiche Hohlräume einen Zufluchtsort für Papageien, Fledermäuse, Geckos und Warane bieten. Nahe

**Lage:** Der Park erstreckt sich über 160 km vom Stuart Highway bei Alice Springs nach Westen.

**Klima:** Sommer teilweise gewittrig, mit mittlerer Höchsttemperatur von 36 °C und mittlerer Tiefsttemperatur von 23 °C; die Winter sind meist klar mit einigen strengen Frosttagen, mittlerer Höchsttemperatur von 22 °C und mittlerer Tiefsttemperatur von 7 °C.

**Reisezeit:** Das Klima ist am angenehmsten in den kühleren Monaten April-November. Beste Zeit für Blumen Juli bis September.

**Anreise:** Asphaltierte Straße von Alice Springs über Larapinta Drive und Namatjira Drive nach Glen Helen. Alle Seitenstraßen zu den Sehenswürdigkeiten sind befestigt, mit Ausnahme der zur Redbank-Schlucht.

**Genehmigungen:** Campinggebühren sind bei der Parkverwaltung in der Nähe von Alice Springs zu entrichten.

**Ausrüstung:** Leichte Tageskleidung, warme Abendkleidung, feste Schuhe oder Stiefel, Windjacke im Winter, Notizblock, Schwimmausrüstung, Erste-Hilfe-Kasten; breitkrempiger Hut, Sonnenschutz, genügend Trinkwasser.

**Einrichtungen:** Zahlreiche Unterkünfte in der Nähe von Alice Springs, Zeltplätze im Park, Toiletten und Duschen in Ormiston. Larapinta-Trail-Mehrtageswanderweg; ausgeschilderte Wanderwege bei Ormiston, Ochre Pits, Simpsons Gap. Schattenspendende Plätze und Picknickflächen. Zuerst sollte man den Alice-Springs-Wüstenpark besuchen.

**Tierbeobachtung:** Beste Beobachtung am Abend und frühen Morgen an den Wasserlöchern und entlang den Bächen Ormiston und Ellery.

**Besucheraktivitäten:** Wandern, Tierbeobachtung, Himmelsbeobachtung, Tageswanderungen um die Ormiston-Schlucht, anspruchsvolle mehrtägige Wanderungen am Larapinta Trail, Schwimmen, Radfahren am Simpsons-Gap-Radweg.

Rechts: *Ein Rotgummibaum,* Eucalyptus camaldulensis, *an einem der Wasserlöcher nahe dem Campingplatz an der Orniston-Schlucht.*
Unten: *Nach einem Regen bedeckt diese Mulla Mulla,* Ptilotus sp., *große Flächen des Mulga-Landes im trokkenen Herzen Australiens.*

der Einfahrt in Simpsons Gap sind auch die kalkweißen »Geister-Gummibäume«, Eisenbäume mit herabhängenden, hellgrünen Blättern, langblättrige Korkholzbäume und große Mulgas zu finden.

Im Schutz der steilen Südhänge und Schluchten haben die Zykade *Macrozamia macdonnellii* und die Feige *Ficus platypoda* überlebt – beide sind Überbleibsel früherer feuchterer und kühlerer Zeiten. Die eindrucksvollste Reliktgemeinschaft bilden jedoch die Roten Kohlpalmen von Palm Valley.

## *Natur in den MacDonnells*

Der Schlüssel zur Tier- und Pflanzenverbreitung im Landesinneren liegt im Vorkommen von Wasser. Wasserlöcher, von denen viele ständig mit Wasser gefüllt sind, gibt es überall in den Bergketten. Die tiefsten und größten sind in Gesteinsspalten anzutreffen. Sehr mobile Arten wie Rote Riesenkänguruhs oder Emus verlassen die Grasebenen zur Versorgung mit Nahrung oder Wasser, wenn die Ebenen austrocknen; auch Hügel- und Felsenkänguruhs, die mehrere Tage ohne Wasser auskommen können, müssen gelegentlich ihre felsigen Lebensräume verlassen und die Wasserlöcher in den Schluchten aufsuchen. Samenfressende Vögel wie Finken, Mulgapapageien sowie Dorngras- und Bronzeflügeltauben sind meist in der Nähe der Wasserlöcher anzutreffen.

Insektenfresser wie die Australische Hüpfmaus oder Fleischfresser wie die riesige Perentie – die zweitgrößte Echse der Welt – und der Dingo erhalten einen großen Anteil ihres Wasserbedarfs aus den Körperflüssigkeiten ihrer Beute. Sie suchen die Wasserlöcher unregelmäßiger auf und können in den trockenen Ebenen leben.

Viele der im Zentrum lebenden Tiere sind nachtaktiv, um der Hitze des Tages zu entgehen. Da sie in der Natur nur selten zu sehen sind, kann man sie im Nachthaus des Wüstenparks von Alice Springs betrachten.

## *Für die Besucher*

Die interessantesten Plätze sind hier meist mit den Wasserlöchern verbunden, und alle sind mit dem Auto

**Oben:** *Rotgummibäume am sandigen Ufer des Simpsons Creek nach dem Passieren von Simpsons Gap.*
**Links:** *Die im Park beheimatete Bartagame,* Pogona vitticeps, *kann man häufig auf alten Baumstümpfen sehen.*

oder zu Fuß erreichbar. Das Wasser ist nicht genießbar. Der Besucher sollte auch daran denken, daß viele Wasserlöcher mehr als 10 m tief sind und sehr kalt sein können. Bei Tag herrscht hier extreme Hitze (bis zu 45 °C), weshalb der Körper viel Wasser verliert. Man sollte daher immer ausreichend Trinkwasser bei sich haben (zwischen 10 und 16 Uhr zwei Liter pro Stunde und Person).

Zahlreiche Aborigines-Künstler der nahegelegenen Schule von Hermannsburg – so auch der bekannte Aquarellmaler Albert Namatjira – drücken eine magische Mixtur aus Formen und schillernden, sich im Tagesverlauf verändernden Farben aus.

Die Bedeutung des künstlerischen Ausdrucks in der Kultur der Aborigines wird bei den Ochre Pits gut erläutert. Ein Hügel aus farbig gebändertem Gestein – rot, gelb, braun und weiß – wurde von einem Bach durchschnitten. Sie waren eine wichtige Quelle von Ockerfarben für die Körper- und Felsbemalung der Arrernte- und der Luritja-Stämme. Der Weg dorthin ist auch für Rollstuhlfahrer geeignet.

# Uluru – Kata-tjuta-Nationalpark

## *Welterbestätte im roten Zentrum*

Der Uluru – Kata-Tjuta-Nationalpark, eine 450 km südwestlich von Alice Springs gelegene Welterbestätte, bedeckt am Rande der Gibson- und der Großen Viktoriawüste eine Fläche von 1326 km². Über Jahrmillionen anhaltende Erosion hat die mächtigen Sedimentschichten zu den berühmten roten Gesteinsbrocken des Parks abgetragen, die sich unvermittelt aus der Ebene erheben.

Uluru ist ein 348 m hoher Monolith aus nacktem, rotem Sandstein, dessen Umfang an der Basis 9,4 km beträgt. In einer Entfernung von 30 km erhebt sich Kata Tjuta mit seinen 36 abgerundeten »Köpfen« (Kata = Köpfe; Tjuta = viele). Der größte von ihnen, Mount Olga, ist 546 m hoch.

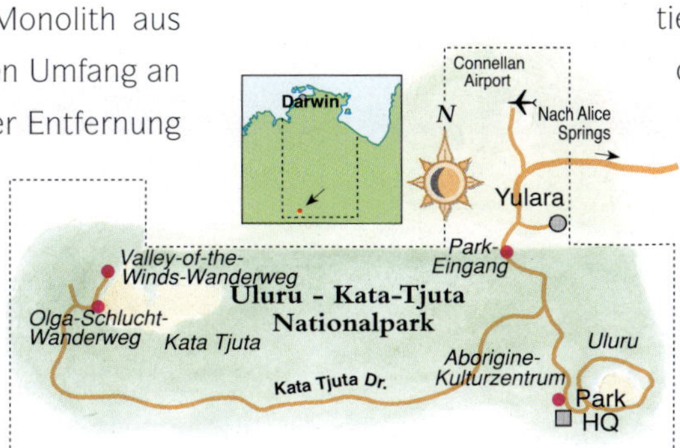


Der Park war früher Teil des Petermann-Aborigines-Reservats, von dem ein Teil auf Anordnung der Regierung des Nordterritoriums 1958 als Reservat mit dem »Zweck eines Nationalparks« eingerichtet wurde. Die Bundesregierung erklärte 1977 das Gebiet in seinen jetzigen Grenzen zum »Uluru- (Ayers Rock – Mount Olga) Nationalpark«, und später wurde der Park auch eines der ersten australischen Weltbiosphärenreservate der UNESCO. Seinen traditionellen Bewohnern, den Anangu, wurde der Park schließlich 1985 zurückgegeben, und heute wird er gemeinsam von den Aborigines und einem Bundesamt verwaltet. Wegen seiner natürlichen Schätze wurde er 1987 in die Liste des Weltnaturerbes aufgenommen, seit 1994 wird er auch als Kulturlandschaft geführt.

Gegenüber: *Der Uluru (Ayers Rock) durch eine alte Wüsteneiche,* Allocasuarina decaisneana, *betrachtet.*

Rechts oben: *Der Inkakakadu,* Cacatua leadbeateri, *nistet in einem abgestorbenen Blutholzbaum am Fuße des Uluru.*

### *Land der Aborigines*

Nach Erzählungen der Anangu – den Pijantjatjara-Eigentümern des Parks – wurden alle Berge, Pflanzen, Tiere und Menschen während der »Tjukurpa« erschaffen. Das ist die Schöpfungszeit, die den Ursprung aller Dinge erklärt und allen Aspekten des Lebens eine Bedeutung zuweist. Jedes Landschaftselement ist das Ergebnis von Bewegungen der Ahnen, die mit Wüstentieren und Pflanzen identifiziert werden. Die Sagen von Kuniya, einer riesigen Python und Liru, einer gewaltigen Giftschlange, sind von besonderer Wichtigkeit.

Menschen sind die Bewahrer von besonderen Geschichten über den Ort. Da Orte nicht ohne deren Schöpfungsgeschichte existieren können, sind Menschen auch ein dem Ort innewohnender Teil – also echte Bewahrer des Landes. Aus diesem Grund ist ein geführter Rundgang um den Uluru für einen Parkbesucher eine besonders faszinierende Erfahrung. Manche Leute brauchen dazu drei Stunden, andere zehn – so groß ist ihr Erstaunen über diesen wunderschönen Ort. Eine Geschichte aus der Schöpfung handelt von der faulen, hinterlistigen Stutzechse, die einem Raubvogel ein verwundetes Emu gestohlen hat. Eine hoch aufragendes Gebilde aus Flechten, das Rauch darstellen soll, zeigt, wie sich die Echse in ihrer Schutzhöhle in Rauch verwandelte.

### *Zwar rot – aber nicht tot*

In diesem Gebiet kamen in den letzten Jahrzehnten immer wieder Menschen aufgrund starker Hitze und zu geringer Wasservorräte ums Leben. Die Anangu führen hier seit Jahrtausenden ein gesundes Leben, wobei sie täglich nur etwa vier Stunden sammeln und jagen. Die wunderschön geformte Oberfläche des Uluru dient als riesi-

**Lage:** 450 km südwestlich von Alice Springs am Rand der Gibson- und der Großen Viktoriawüste.

**Klima:** Arid, mittlere Höchsttemperatur im Sommer 37 °C und mittlere Tiefsttemperatur 22 °C, schwül mit Gewittern; mittlere Höchsttemperatur im Winter 22 °C, mittlere Tiefsttemperatur 7 °C, klare, sonnige Tage. Mittlerer Jahresniederschlag bei 250 mm. Sehr hohe UV-Strahlung.

**Reisezeit:** April bis November, am besten Mai bis September. Nach Frühlingsregen breitet sich in der Wüste ein Blütenteppich aus, Vögel treffen ein und bei Roten Riesenkänguruhs stellt sich Nachwuchs ein.

**Anreise:** Mit dem Auto auf den asphaltierten Stuart und Lasseter Highways: 450 km von Alice Springs über Erldunda oder 625 km über den unbefestigten Mereenie Loop. Mit dem Flugzeug aus den Hauptstädten der Bundesstaaten, aus Broome (Westaustralien) und Cairns (Queensland).

**Genehmigungen:** Fünftages-Parkgebühr am Parkeingang; im Park gibt es keine Unterkünfte.

**Ausrüstung:** Rutschfeste Wanderschuhe, leichte Tageskleidung, warme Abendkleidung, breitkrempiger Hut, Sonnenschutz, Wasserflasche, Sonnenbrille, Mückennetz, Karten.

**Einrichtungen:** Kulturzentrum, Besucherzentrum mit Ausstellung, Wanderwege, Aborigines als Führer und Ranger, Picknickgelände, Bereiche für Sonnenuntergang- und Dünenbeobachtung. Viele Unterkünfte beim Ayers Rock Resort. Autovermietung, Touren, Busse und Flugzeuge/Hubschrauber für Rundflüge.

**Tierbeobachtung:** Vögel an den Berghängen und Wasserlöchern; der Park beherbergt die meisten Reptilienarten Australiens, vor allem Echsen, die man am besten von März bis April und von September bis Oktober sieht; Blumenblüte nach Regen.

**Besucheraktivitäten:** Wandern (die Anangu dulden auf Uluru keine Kletterer!). Kennenlernen der Aborigines-Kultur und der Wüstengeschichte.

**Oben:** *Nach einem Regen gleicht die Wüste einem Blütenmeer mit Arten wie Annual Yellowtop, Paper Daisies und Sturt's Desert Pea.*
**Rechts ganz oben:** *Diese* Wurmbea centralis *blüht im August. Sie ist nur am Rande dreier Bäche anzutreffen.*
**Rechts oben:** *Die Honig-Seideneiche,* Grevillia eriostachya, *ist eine wichtige Nektarquelle für Vögel.*

ges Dach, sammelt Regenwasser und leitet es in tiefe Gesteinslöcher. Eines davon ist das Zuhause von Wonampi – der großen Ahnenschlange, die sich um Wasser in der Wüste kümmert.

Zebrafinken, Tauben mit pfeifenden Flügeln, Inkakakadus, Arielschwalben, Würgatzl und Australische Falken sind an den Wasserlöchern ein vertrautes Bild. Auf der Parkliste sind etwa 180 Vogelarten verzeichnet, doch viele, wie z. B. der Crimson Chat und der Weißwangenreiher, sind Zugvögel; sie lassen sich nieder, wenn ihnen die Witterungsbedingungen zusagen.

In den zeitweilig wassergefüllten, flachen Felslöchern auf dem Uluru durchleben Shield Shrimps ihren ganzen Lebenszyklus in rund einer Woche, bis sie schließlich nach einem Brutrausch der Sonnenglut erliegen.

## *Überfluß an Pflanzen*

Die meisten Besucher erkennen das Gebiet nicht als Wüste, da hier mehr als 700 Pflanzenarten wachsen, die sehr gut an die trockene Umgebung angepaßt sind. Etwa 100 Arten liefern Menschen Nahrung, Wasser, Medizin, Klebstoff, Brennstoff und Werkzeuge. Bäume wie Mulgas oder Eisenholzbäume bieten äußerst harte und haltbare Kanten, die sich besonders gut für Speere, Grabstöcke, Wurfstöcke und Keulen eignen.

Seideneichen und Hakeas bringen massenweise Blüten hervor, die sehr reich an Nektar sind, aus dem süße, energiereiche Getränke hergestellt werden. *Nicotianum* ist eine Quelle des anregenden Alkaloids Nornikotin, ein Stück (oder *Mingkalpa*) wird hinter der Unterlippe gehalten. Pituri, eine *Duboisia*-Art, wurde früher in Wasserlöcher geworfen, wobei die darin enthaltene Droge ins Wasser floß und die trinkenden Emus lähmte.

## *»Pukulpa Pitjama Ananguku Ngurakutu«*

»Die Anangu heißen Sie im Land der Aborigines willkommen« ist ein Willkommensgruß an alle Besucher des Uluru – Kata-Tjuta-Nationalparks. Doch viele Besucher finden das Schutzgebiet völlig anders vor, als sie es erwartet hätten. Meist wollen sie auf den Uluru klettern. Bei der Ankunft erfahren sie aber, daß der zum Fels führende Weg ein heiliger Weg ist, den nur Aborigines bei bestimmten Zeremonien begehen dürfen. Die Anangu sorgen sich sehr um das Wohlergehen der Besucher. Kommt es am Felsen zu einem Todesfall – in den letzten Jahrzehnten starben hier über 30 Menschen –, findet eine höchst eindrucksvolle Zeremonie statt.

Viele andere Beschränkungen haben ihren Grund in der Anerkennung der lebendigen Kultur der Aborigines sowie in den Gefahren, die die Wüstenumgebung birgt.

**Oben:** *Die Felsen des Kata Tjuta bei Sonnenuntergang: Mount Olga (rechts) ist der höchste.*

**Links:** *Dornteufel,* Moloch horridus, *sieht man am häufigsten im April und im Oktober.*

**Ganz links:** *Das Mutitjulu-Wasserloch am Rande des Uluru – eine Oase für Tier und Mensch.*

**Links unten:** *Tiku, eine Anangu-Frau, erklärt den Gebrauch der* Wirra, *eines Holzwerkzeugs zum Graben nach Honigameisen und Maden.*

**Nächste Seite:** *Der Uluru bei Sonnenuntergang bleibt für die Besucher ein unvergeßlicher Anblick.*

Man sollte die Werte dieses bedeutenden Weltnatur- und -kulturerbes respektieren – und es nicht nur als Etappenziel abhaken.

# Zusammenstellung wichtiger Nationalparks

Dies ist eine Aufstellung von 39 wichtigen Nationalparks und anderen Schutzgebieten, die in diesem Buch nicht ausführlich beschrieben sind. Sie wurden aus einer Liste von mehr als 500 Gebieten ausgewählt. Alle zusammen decken nahezu die gesamten Landschaftsformen und Ökosysteme des Kontinents ab. Es gibt darüber hinaus jedoch zahlreiche weitere ebenso bedeutende Gebiete mit anderen Bezeichnungen, in denen Lebensräume und Landschaften unter Schutz stehen. Bei der Planung einer Reise in einen Nationalpark sollten die in der Rubrik »Nützliche Adressen« aufgelisteten Stellen entweder direkt oder per E-Mail kontaktiert werden. Für die meisten Schutzgebiete gibt es Informationsmaterial, in dem Landschaft und Einrichtungen beschrieben werden.

## *Bundes-Nationalparks*

**Booderee-Nationalpark** (63 km²). Gegründet 1992 unter dem Namen Jervis-Bay. Feuchtes und trockenes Heideland, offenes Waldland und Wald; angrenzendes Meeresschutzgebiet. Wurde den Aborigines zurückgegeben und wird z. T. von ihnen verwaltet.

**Christmas-Insel-Nationalpark** (87 km²). Im Indischen Ozean. Gegründet 1980. Kalkstein und Guano auf regenwaldbedeckten Vulkanen. Wanderung der Roten Krebse im November.

## *Neusüdwales*

**Barrington-Tops-Nationalpark** (405 km²). Gegründet 1969. Subtropischer Regenwald, feuchtes Waldland, Wälder kühl-gemäßigter Breiten, subalpine Wälder und Grasland. Wanderungen, Tierwelt, Forellenfischen.

**Deua** (829 km²) und **Wadbilliga-Nationalpark** (795 km²). Grenzen an den östlichen Steilabfall der Südküste. Beide 1979 gegründet. Steile, bewaldete Bergketten; Wildbachtäler mit reichem Tierleben, besonders Känguruhs und Wallabies. Kalksteinhöhlen in Deua. Buschwanderungen.

**Morton-Nationalpark** (1627 km²). Gegründet 1934. Etwa 600 m hohes Sandstein-Plateau mit tief eingeschnittenen Schluchten, in denen die Nebenflüsse des Shoalhaven und des Kangaroo fließen. Offenes Waldland, Regenwald der warm-gemäßigten Breiten, Buschland und Heide; reiches Tierleben. Viele Wanderwege, auch durch die Wildnis.

**Mount-Kaputar-Nationalpark** (368 km²). Gegründet 1967. Erloschener Nandewar-Vulkan. Offenes Waldland und Wald bis in subalpine Lagen des Mt. Kaputar (1508 m). Buschwanderungen und markierte Wanderungen über die heißen nordwestlichen Ebenen.

**Mutawintji-Nationalpark** (689 km²). Gegründet 1967. Trockene, niedrige, rote Sandstein-Bergketten, schöne Täler und Höhlen mit vielen Zeichnungen der Aborigines. Waldland mit Grasland in den nördlichen Tieflagen. Viele Papageien und Känguruhs.

**New-England-Nationalpark** (324 km²). Gegründet 1967. Auf dem New-England-Steilabfall gelegen, reicht vom Regenwald kühl-gemäßigter Breiten bis zum subtropischen Regenwald. Wanderwege von Point Lookout mit grandiosem Ausblick auf die Küste.

**Sturt-Nationalpark** (3106 km²). Gegründet 1972. Trockene Ebenen, Tafelländer, Tafelberge und Niederungen. Akazien-Buschland und -Grasland. Rote Riesenkänguruhs, Emus, Raubvögel, Papageien, Kakadus und Zaunkönige. Reste historischer Siedlungen. Beeindruckende Wildnis.

**Warrumbungle-Nationalpark** (215 km²). Gegründet 1954. Strahlenförmig um den alten Warrumbungle-Vulkan (1205 m) angeordnete Bergrücken und Täler. Bewaldetes Gelände, ideal zum Wandern und Zelten; Koalas, Känguruhs und zahlreiche Vogelarten, vor allem Papageien.

## *Nordterritorium*

**Finke-Schlucht-Nationalpark** (459 km²). Gegründet 1967. Mäandrierende Sandstein-Schluchten von großer Schönheit. Gummibäume an den sandigen Flußbetten. Palmental in einer Seitenschlucht. Flußbetten mit Allradantrieb befahrbar. Vielfältiges Tierleben.

**Gregory-Nationalpark** (12 882 km²). Gegründet 1990. Teil der weltgrößten Verladestation für Vieh am Fluß Victoria. Vielfältige Landschaften in den Monsuntropen, Quarzitschluchten, breite Flüsse und Lagunen, Karstflächen und Niederungen. Boab-Bäume, Savanne und Waldland. Zugang mit Boot und Auto mit Allradantrieb. In den Flußmündungen Krokodile.

**Gurig-Nationalpark** (2265 km²). Gegründet 1981. Unter Verwaltung der Aborigines; auf einer flachwelligen Halbinsel mit tief ins Land hineingreifender Küste. Tropisches Meeresgebiet, Monsunwälder, Palmenbestände und Savanne mit Feuchtgebieten und regem Tierleben, z. B. Krokodile. Historische Stätten.

**Keep-River-Nationalpark** (572 km²). Gegründet 1981. Monsunwälder und Savanne; bezaubernde Schluchten aus rotem Sandstein. Höhlen mit Zeichnungen der Aborigines.

**Litchfield-Nationalpark** (1458 km²). Gegründet 1986. Wasserfälle, tiefe Naturbecken mit Schwimmöglichkeiten. Lagunen, Felsformationen sowie idyllische Monsunwälder und offenes Waldland nahe Darwin. Reichhaltiges Tierleben, u. a. mit Wallabies, Regenbogen-Pittas und Imperial-Tauben.

**Watarrka-Nationalpark** (1057 km²). Gegründet 1989. Wunderbarer Kings Canyon und wüstenhaftes, hügeliges Sandstein-Plateau; tiefe Wasserlöcher, Wüstenpflanzen, Raubvögel, Rosenkakadus, Ghost Gums und Wüsteneichen. Wanderwege.

## *Queensland*

**Bunya-Mountains-Nationalpark** (117 km²). Gegründet 1908. Hoher Bergrücken (1135 m) als Teil der Great Dividing Range mit größeren Beständen an Bunya-Kiefern in warm-gemäßigten und subtropischen Regenwäldern; üppiges Tierleben und schöne Wanderwege.

**Hinchinbrook-Insel-Nationalpark** (399 km²). Gegründet 1932. Beeindruckende Granitberge, Wasserfälle, tropischer Regenmischwald, artenreiche Mangroven, verschiedene Küstentypen; ein Großteil des Gebiets ist noch im Urzustand. Dugongs in der geschützten Missionary-Bucht. Dieser Park kann durch eine 2- bis 5-tägige Wanderung auf dem East Coast Walking Track erkundet werden.

**Iron-Range-Nationalpark** (346 km²). Gegründet 1977. Bedeutende Ökosysteme; größter erhaltener Tiefland-Regenwald der Tropen; Mangroven, Heideland und offenes Waldland. Große Palmen-Kakadus, Eclectus-Papageien, gefleckte Kuskus, Krokodile in Flußmündungen. Zugang nur mit Allradantrieb.

**Lakefield-Nationalpark** (5370 km²). Gegründet 1979. Tropisches Tieflandgebiet; in Randbereichen Regenwald, offenes Waldland, Savanne, Grasland, Mangroven, Flußmündungen, Schlammzonen. Lebensraum zahlreicher Vögel: Schwarzer Kakadu, Jabiru, Watvögel, goldschultriger Papagei, Krokodile.

**Simpsonwüste-Nationalpark** (10 120 km²). Gegründet 1967. Klassische Wüste mit Dünen, Salzpfannen und dornigem Grasland, durchsetzt mit Wüstengestrüpp; kein bzw. nur wenig Wasser verfügbar. Allradantrieb und spezielle Ausrüstung erforderlich.

**Undara-Volcanic-Nationalpark** (615 km²). Gegründet 1993. Weltgrößte Lavahöhle in einem vielgestaltigen vulkanischen Gebiet auf granitischer Basis. Einsturzlöcher sind mit trockenem Regenwald aufgefüllt. Reiche Säugetierfauna; viele Fledermäuse.

**Whitsunday-Inseln-Nationalpark** (170 km²). Gegründet 1944. Eine Gruppe von schönen bergigen Inseln mit weiten Stränden, Flußmündungen und küstennahen Korallenriffen. Teil der Great-Barrier-Riff-Welterbestätte.

## *Südaustralien*

**Belair-Nationalpark** (8,4 km²). Gegründet 1891. Erster Nationalpark des Staats. Adelaide Hills mit Wald- und Heideland; bemerkenswert für Frühlingsblüte und historische Stätten.

**Coffin-Bucht-Nationalpark** (291 km²). Gegründet 1982. Beeindruckende Küstenlandschaft mit schönen Stränden, Landspitzen, Klippen und Heideland. Vor allem im Frühling üppige Tierwelt im Meer, an der Küste und in der Heide.

**Coorong-Nationalpark** (467 km²). Gegründet 1966. Langgestreckte Küstenlagune hinter einer Kette von Dünen an der Mündung des Murray. Die Küstenvegetation geht allmählich in offenes Waldland über. Bedeutendes Feuchtgebiet für Brutvögel, besonders für Pelikane; Schutzgebiet von internationalem Rang.

**Eyre-See-Nationalpark** (13 493 km²). Gegründet 1985. Komplex von ausgedehnten Salzseen unterhalb des Meeresspiegels mit Dünen und Salzpfannen. Der Copper durchzieht die Tirari-Wüste. Nur selten wassergefüllt; Brutgebiet für zahllose Pelikane, Enten, Stelzenläufer und andere Vögel. Bedeutende fossile Ablagerungen.

**Nullarbor-Nationalpark** (5883 km²). Gegründet 1979. Von Buschland bedecktes Kalkstein-Plateau mit Steilrändern, die zur Großen Australischen Bucht abfallen. Es gibt zahlreiche Einsturzlöcher und große Höhlen (Koonalda). Dieser Park ist für Walbeobachtungen von den Kliffs aus und seine Haarnasen-Wombats bekannt.

## *Tasmanien*

**Ben-Lomond-Nationalpark** (165 km²). Gegründet 1947. Alpin geprägtes Gelände mit Skigebiet, im Sommer Naturwanderungen. Beeindrukkende, aus Dolerit aufgebaute Landschaft.

**Maria-Insel-Nationalpark** (115 km²). Gegründet 1972. Der Ostküste vorgelagerte Insel mit langer Siedlungsgeschichte von Aborigines, Sträflingen, Walfängern, Landwirten und Bergarbeitern. Sie alle existieren nicht mehr, aber ihre Aktivitäten haben ein faszinierendes Netzwerk an Wegen und eine Vielfalt von Lebensräumen hinterlassen. Reichhaltiges Tierleben mit Känguruhs und Cape-Barren-Gänsen.

**Mount-William-Nationalpark** (139 km²). Gegründet 1973. Dieser an der nordöstlichen Küste gelegene Park hat schöne Strände, aus Granit aufgebaute Landvorsprünge und der Küste vorgelagerte kleine Inselchen. Seine Wälder, Heideflächen und Feuchtgebiete sind wichtige Lebensräume für Tiere und Blütenpflanzen.

**Walls-of-Jerusalem-Nationalpark** (518 km²). Gegründet 1981. Vergletscherte Landschaft mit Hunderten von subalpinen Bergseen. Button-Grass-Ebenen und uralte Regenwälder der kühl-gemäßigten Breiten mit vielen Tierarten. Teil der Tasmanian-Wilderness-Welterbestätte.

## *Victoria*

**Coopracambra-Nationalpark** (388 km²). Gegründet 1988. Die zerklüftete, wilde Berglandschaft wird vom Genoa in einer markanten Schlucht durchschnitten. In den hohen, feuchten Eukalyptuswäldern ist ein reges Tierleben anzutreffen.

**Errinundra-Nationalpark** (256 km²). Gegründet 1988. Besterhaltene Reste von Regenwald der warm-gemäßigten Breiten im Staat. Hohe, feuchte Hartlaubwälder, vorwiegend in ursprünglichem Zustand.

**Hattah-Kulkyne-Nationalpark** (480 km²). Gegründet 1960. Das Überflutungsgebiet des Murray wird im Westen und Osten von River-Gum-Wäldern und Dünen begrenzt; große Populationen an Wasservögeln und Känguruhs. Bedeutendes Feuchtgebiet und Biosphärenreservat.

**Lower-Glenelg-Nationalpark** (273 km²). Gegründet 1969. Die spektakuläre Schlucht des Glenelg ist Teil des Kalkstein-Areals, das auch schöne Höhlen und fossile Ablagerungen enthält. In diesem wichtigen Rückzugsgebiet leben auch Potoroos, Wombats, Flugbeutler und große Populationen von Fledermäusen.

**Otway-Nationalpark** (129 km²). Gegründet 1979. Die wilde Schlucht des unteren Snowy ist Teil des Nationalparks. Wälder und zerklüftete Bergketten bieten Lebensraum für Wallabies, Wombats, Graue Riesenkänguruhs und eine Vielzahl von Papageien und Kakadus.

**Wyperfield-Nationalpark** (3568 km²). Gegründet 1909. Der Park wird von mächtigen Dünen und Sandflächen geprägt; üppiges Heideland umrahmt eine Reihe von ausgetrockneten Seen, die vielen Pflanzen Lebensraum bieten. Ideal für Wanderungen im Frühling.

## Nützliche Adressen

*Hinweis für Telefonate aus dem Ausland: Die Telefonvorwahl von Australien ist 0061.*

**Australian Conservation Foundation**
340 Gore Street, Fitzroy VIC 3065

**Department of Conservation & Land**
50 Hayman Road, Como WA 6152
Tel.: 08-93 34 03 33; Fax: 08-93 34 04 98; www.calm.wa.gov.au

**Department of Natural Environment & Resources, Informationszentrum**
240–250 Victoria Parade
East Melbourne VIC 3002
Tel.: 03-94 12 47 95; Fax: 03-92 99 24 25

**Environment ACT**
PO Box 1119, Tuggeranong ACT 2901
Tel.: 02-62 07 97 77; Fax: 02-62 07 22 27; http://www.act.gov.au/environ

**Environment Australia**
GPO Box 636, Canberra ACT 2601
Tel.: 02-62 74 11 11;
http://www.environment.gov.au

**Great Barrier Reef Marine Park Authority**
2–68 Flinders Street, PO Box 1379
Townsville, QLD 4810
Tel.: 07-47 50 07 00; www.gbrmpa.gov.au

**National Parks and Wildlife Service**
77 Grenfell Street, Adelaide SA 5001
Tel.: 08-82 04 19 10; Fax: 08-82 04 19 19; www.denr.sa.gov.au

**National Parks & Wildlife Service/ Department of Environment & Land**
134 Macquarie Street, Hobart TAS 7000
Tel.: 03-62 33 80 11; www.parks.tas.gov.au

**National Parks & Wildlife Service**
PO Box 1967, Hurstville NSW 2220
Tel.: 02-95 85 64 44; Fax: 02-95 85 64 55; http://www.npws.nsw.gov.au.

**National Parks and Wildlife Service**
GPO Box 150; Brisbane QLD 4002
Tel.: 07-32 27 78 01; Fax: 07-32 27 76 76
www.env.qld.gov.au

**Northern Territory Tourist Commission**
GPO Box 2532, Alice Springs NT 0871
Tel.: 180 062 13 36; Fax: 180 0808666; www.nttc.com.au

**NSW Travel Centre**
GPO Box 11, Sydney, NSW. 2000
Tel.: 132077; Fax: 02-92 24 44 11

**Parks Victoria**
378 Cotham Road, Kew VIC 3101
Tel.: 03-94 12 47 95; www.nre.vic.gov.au

**Queensland Government Travel Centre**
196 Adelaide Street, Brisbane QLD 4000
Tel.: 131801; www.qtte.com.au

**Queensland National Parks Information Centre**
Ground Floor, 160 Ann Street
Brisbane QLD 4000

**Tasmanian Visitor Information Network**
Elizabeth and Davey Streets
Hobart TAS 7001
Tel.: 03-62 30 82 33; www.tourism.tas.gov.au

**Territory Parks and Wildlife Commission**
PO Box 496, Palmerston NT 0831
Tel.: 08-89 99 45 33; Fax: 08-89 32 38 49; www.nt.gov.au

**Tourism South Australia**
1 King William Street, Adelaide SA 5000
Tel.: 08-83 03 20 33 oder 180 088 20 92; www.tourism.sa.gov.au

**Tourism Victoria**
Vistor Information Centre, Town Hall
Melbourne VIC 3000
Tel.: 132842; www.tourism.vic.gov.au

**Uluru- und Kakadu-Nationalparks**
GPO Box 1260, Darwin NT 0800
Tel.: 08-89 46 43 00; Fax: 08-89 81 34 97

**Western Australian Tourist Centre**
(GPO Box W 2081)
469 Wellington Street, Perth WA 6000
Tel.: 1300 361351; www.wa.gov.au/gov/watc

**Wet Tropics Management Authority**
PO Box 2050, Cairns QLD 4870
Tel.: 07-40 52 05 55

**World Wide Fund for Nature Australia**
GPO Box 528, Sydney NSW 2001
Tel.: 180 025 15 73

## Literatur


Australian Alps Committee: *Explore the Australian Alps*. New Holland, Sydney 1998

Boland, D. J., u. a.: *Forest Trees of Australia*. Nelson & CSIRO, Melbourne 1984

Brock, J.: *Native Plants of Northern Australia*. New Holland Publishers, Sydney 1988

Caruana, W.: *Aboriginal Art*. Thames and Hudson, London 1989

Church, F. (Hg.): *Explore Australia*. Viking, Ringwood 1999

Cogger, H. G.: *Reptiles and Amphibians of Australia*. Reed/New Holland, Sydney 2000

Costin, A. B. u. a.: *Kosciusko Alpine Flora*. Collins-CSIRO 1979

Cronin, L.: *Key Guide to Australia's National Parks*. New Holland, Sydney 1994

Cresswell, I. D. & Thomas, G. M.: *Terrestrial and Marine Protected Areas in Australia*. Environment Australia, Biodiversity Group, Canberra 1997

Cunningham, G. M. u. a.: *Plants of Western New South Wales*. Government Printer, Sydney 1981

Fox, A. M.: *Of Birds and Billabongs*. Rigby, Adelaide 1983

Fox, A. M.: *Australia's Wilderness Experience*. Rigby, Adelaide 1984

Fox, A. M.: *Centenary Field Guide of Major Parks and Reserves of South Australia*. Government Printer, Adelaide 1991

Fox, A. M.: *Wilderness*. Steve Parish, Brisbane 1993

Fox, A. M.: *Guidebook, Mungo National Park*. Beaten Track Press, Canberra 1997

Fox, A. M. *Photographing Uluru*. Beaten Track Press, Canberra 1997

Fox, A. M.: *Amazing Facts About Australian Landscapes*. Steve Parish, Brisbane 1998

Fuchs, D.: *Australien*. Bruckmann, München 1998

Greig, D.: *Field Guide to Australian Wildflowers*. New Holland, Sydney 1999

Grotz, R. & Löffler, E.: *Australien*. Wissenschaftliche Buchgesellschaft, Darmstadt 1995

Heritage Commission of Australia: *The Heritage of Australia*. Macmillan, Melbourne 1981

Hermes, N.: *Explore Wilderness Australia*. New Holland, Sydney 1997

Ilgenstein, G.: *Die Steinzeitmenschen von Australien, die heutigen Aborigines*. R.G. Fischer, Frankfurt/Main 1996

Neidgie, W. u. a.: *Kakadu Man – Bill Neidgie*. Mybrood, Queanbeyan 1985

Pizzey, G. & Knight, F.: *Field Guide to the Birds of Australia*. HarperCollins, Sydney 1998

Shine, R.: *Australian Snakes – A Natural History*. New Holland, Sydney 1998

Simpson, K. & Day, N.: *Field Guide to the birds of Australia*. Viking, Ringwood 1993

Strahan, R.: *The Mammals of Australia*. New Holland, Sydney 1998

Swadling, M.: *Paradise on Earth – The Natural World Heritage List*. IUCN-Harper-MacRae, Columbus 1995

Talbot, F. (Hg.): *The Great Barrier Reef*. Readers Digest, Sydney 1984

Tucker, M.: *Whales and Whale Watching in Australia*. ANPWS, Canberra 1989

Underhill, D.: *Australia's Dangerous Creatures*. Readers Digest, Sydney 1993

Urban, A.: *Wildflowers and Plants of Central Australia*. Southbank, Melbourne 1990

Viedebantt, K. & Wrba, E.: *Australien*. Südwest Verlag, München 1998

Wrigley, J. W. & Fagg, M.: *Australian Native Plants*. Reed, Sydney 1997

Zborowski, P. & Storey, R.: *A Field Guide to Insects of Australia*. New Holland, Sydney 1997


## Bildnachweis

Copyright © aller Fotografien: ***Allan Fox***, mit Ausnahme der folgenden Aufnahmen:

**Fotografen**:
***Don Fuchs***: S. 36, 38 (u.), 40, 41 (u. m.), 55, 59 (o. l.), 62 (u. r.), 63, 65, 66 (o.), 67, 68, 69 (o.), 70, 75, 76–77 (o.), 78, 80 (o.), 81, 82–83, 86 (u.), 87, 90 (o.), 91 (o. r. & u.), 96 (o.), 104 (o. r. & l.), 105 (u.), 108–109 (o.), 109, 112, 114, 117 (o. l.), 118–119, 120, 122 (u. l.), 123 (u.), 138 (u. l.), 142, 144, 145 (m.), 150 (u.), 153, 155, 160, 164 (l.), 165 (m. r.); ***Pavel German***: S. 102 (o. l.); ***Ted Mead***: S. 104 (u. l.) 105 (o.), 106; ***John Meier***: S. 8–9, 88, 91 (o. l.); ***Nick Rains***: S. 10, 24, 154; ***Joe Shemesh***: S. 94; ***Dave Watts***: S. 21, 35 (o. l.), 45, 97

**Bildagenturen**
Auscape:
*Mike Tinsley*: S. 23 (u. r.); *Jean–Paul Ferrero*: S. 25, 48 (u.), 49 (o. l.), 56 (u. r.), 92, 98 (o.); *Roger Brown*: S. 26 (o. r.); *Glen Threlfo*: S. 34 (u.); *John Cancalosi*: S. 41 (o. r.), 116 (o. r.); *C.Andrew Henley*: S. 62 (u. l.); *Jaime Plaza Van Roon*: S. 64; *Reg Morrison*: S. 69 (u.), 96 (u.); *Ian Morris*: S. 79; *Rob Walls*: S. 102 (u.); *S.Wilby & C.Ciantar*: S. 103; *M.S. Kahl*: S. 167
Lochman Transparencies:
*Jiri Lochman*: S. 14 (l.), 47, 89, 98 (u.), 121, 131, 140 (u. r.), 159; *Brett Dennis*: S. 140 (o. r.); *Dennis Sarson*: S. 95, 137; *Geoff Taylor*: S. 134 (o. l.); *Marie Lochman*: S.151 (u.)
Nature Focus: *Dave Watts*: S. 74 (o.); *John McCann*: S. 122 (o.)
New Holland Image Library (NHIL):
S. 19, 71, 93, 107; *Shaen Adey*: S. 15 (r.), 22 (u. l.), 23 (o.), 31 (o.), 33, 34 (o.), 35 (u.), 37, 38 (o.), 42, 46 (u.), 52–53 (o.), 80 (u.), 84, 86 (o.), 96 (m. l.), 108 (u.), 113, 115, 116 (u.), 122 (u. r.), 123 (o.), 128 (u. r.), 141 (u. l.), 148, 151 (o.), 152, 156 (o. l. & m. r.), 157 (u.), 163; *Anthony Johnson*: S. 28–29, 169 (o.); *Nick Rains*: S. 58 (o.), 59 (r.)
The Photo Library of Australia (PLA):
*Rob Jung*: S. 1, 62 (o.); *Peter Harrison*: S. 18, *Ted Mead*: S. 49 (o. r.), 99, 110–111, 150 (o.), 158, 161 (o.), 162; *Chris Jones*: S. 60; *Jocelyn Burt*: S. 72; *Geoff Higgins*: S. 100, 124; *Rick Strange*: S. 165 (o. r.); *Robin Smith*: S. 168 (o. l.)
Twilight Zone:
*Becca Saunders*: S. 27, 30 (o. r.) 31 (u.), 141 (u. r.); *Mark Spencer*: S. 30 (l.)

# REGISTER

**Fette** Seitenzahlen beziehen sich auf Abbildungen